A IMUNIDADE TRIBUTÁRIA DAS EMPRESAS ESTATAIS DELEGATÁRIAS DE SERVIÇOS PÚBLICOS

(Um estudo sobre a imunidade tributária da Empresa Brasileira de Correios e Telégrafos – ECT)

Roque Antonio Carrazza

A IMUNIDADE TRIBUTÁRIA DAS EMPRESAS ESTATAIS DELEGATÁRIAS DE SERVIÇOS PÚBLICOS

(Um estudo sobre a imunidade tributária da Empresa Brasileira de Correios e Telégrafos – ECT)

*A IMUNIDADE TRIBUTÁRIA DAS EMPRESAS ESTATAIS
DELEGATÁRIAS DE SERVIÇOS PÚBLICOS*
© Roque Antonio Carrazza

ISBN 85-7420-627-X

Direitos reservados desta edição por
MALHEIROS EDITORES LTDA.
*Rua Paes de Araújo, 29, conjunto 171
CEP 04531-940 — São Paulo — SP
Tel.: (0xx11) 3078-7205 Fax: (0xx11) 3168-5495*
URL: www.malheiroseditores.com.br
e-mail: malheiroseditores@zaz.com.br

Composição
PC Editorial Ltda.

Capa
Vânia Lúcia Amato

Impresso no Brasil
Printed in Brazil
10-2004

*Aos diletos amigos E*DUARDO *D*OMINGOS *B*OTTALLO
*e W*ILLIAM *R*OBERTO *G*RAPELLA*,
juristas de altos predicados,
com quem tenho aprendido
as sutilezas da advocacia militante.*

SUMÁRIO

CONSULTA 9
PARECER
1. Circunscrição do problema e plano de trabalho 13

Primeira Parte: CONSIDERAÇÕES GERAIS
2. A tributação na Constituição 17
3. As imunidades tributárias 20
4. O "princípio da imunidade recíproca" (art. 150, VI, "a", da CF) . 27
5. As empresas estatais delegatárias de serviços públicos e o art. 150, VI, "a", da CF. Questões conexas 38
6. Empresas estatais. Novas considerações 49
7. Epítome 52

Segunda Parte: O CASO CONCRETO
8. Reequacionamento do problema e encaminhamento de sua solução 57
9. A intributabilidade da Consulente por meio de imposto sobre a renda e de contribuição social sobre o lucro líquido. Sua tributabilidade por meio de COFINS e de contribuição para o PIS/PASEP 63
10. A intributabilidade da Consulente por meio de IPTU 72
11. A intributabilidade da Consulente por meio de ICMS (ICMS-operações mercantis; ICMS-transporte; ICMS-comunicação) .. 73
    11.1 Breves considerações gerais 73
    11.2 A intributabilidade da Consulente por meio de imposto sobre operações mercantis (ICMS-operações mercantis) 74
    11.3 A intributabilidade da Consulente por meio de ICMS-transporte e de ICMS-comunicação 78
12. A intributabilidade da Consulente por meio de ISS 90

12.1 Os "serviços definidos em lei complementar" 93
12.2 Da impossibilidade de a Consulente ser alcançada pelo ISS, enquanto presta serviços postais 97
12.3 Medidas judiciais que podem vir a ser tomadas pela Consulente . 101
    12.3.1 Do cabimento de ação direta de inconstitucionalidade . 103
    12.3.2 Do cabimento de mandado de segurança 104
    12.3.3 Do cabimento de ação declaratória 106
    12.3.3-A Da possibilidade de antecipação de tutela no caso em consulta 107

13. **A tributabilidade da Consulente por meio de taxas, inclusive a de localização e funcionamento**
13.1 Colocação do problema 111
13.2 Generalidades 111
13.3 As "taxas de serviço" e as "taxas de polícia". Pressupostos para que alcancem validamente a Consulente 113

14. **Banco Postal. Sua tributabilidade, em princípio, por meio de ISS** 118

15. **Serviços postais, serviços afins e outros prestados pela Consulente** 121

RESPOSTAS AOS QUESITOS 125

REFERÊNCIAS BIBLIOGRÁFICAS 133

CONSULTA

A conceituada *Empresa Brasileira de Correios e Telégrafos – ECT* (Consulente) honra-nos sobremodo com a seguinte *Consulta*:

Com o advento da Constituição Federal de 1988, e sob o impacto das disposições contidas em seu art. 173, § 2º, a ECT passou a efetuar o recolhimento do ICMS sobre a prestação do serviço de telegrama e a venda de produtos.

Na ocasião, a ECT também firmou com os Estados e o Distrito Federal o Convênio ICM-23/1988, de 6.12.1988, que estabelece normas de controle de fiscalização de mercadorias encaminhadas por via postal (encomendas).

O ICMS incidente sobre a prestação do serviço de telegrama e a venda de produtos encontra-se incorporado à tarifa e preços da empresa, sendo regularmente repassado ao usuário final.

Ocorre que, ao longo do tempo, a ECT passou a ser assolada com demandas fiscais de diversas unidades da Federação (Estados e Distrito Federal) que pretendem fazer incidir o ICMS sobre a prestação do serviço postal de correspondência, inclusive a venda de selos.

Também os Municípios, na esfera administrativa ou judicial, pretendem fazer incidir o ISS sobre a prestação do serviço postal, atividades correlatas e afins, de que são exemplos o serviço de correspondente bancário e a venda e o resgate de títulos de capitalização.

No entanto, ao longo dos últimos 14 anos a empresa tem defendido, junto às Fazendas Municipais e Estaduais, bem como junto ao Poder Judiciário, a tese da imunidade tributária recíproca relativamente a seus bens, rendas e serviços. Também tem procurado ver reconhecidas as mesmas prerrogativas da Fazenda Pública (precatórios)

Seguindo nessa direção, a ECT tem lutado para ver reconhecidas suas prerrogativas e direitos, em matéria tributária, com exceção dos impostos federais, em especial o imposto de renda, a COFINS e a contribuição para o PASEP, exações que vem recolhendo normalmente.

Para nosso conhecimento e análise, a Consulente fez chegar às nossas mãos *cópias* de decisões judiciais, bem como de estudos jurídicos que vêm ao encontro das teses que está defendendo.

Posto isto, deseja ver respondidos os seguintes *Quesitos*:

1º. Qual a natureza jurídica dos serviços postais e do patrimônio da Empresa Brasileira de Correios e Telégrafos (ECT)?

2º. A ECT é detentora da imunidade tributária prevista no art. 150, VI, "a", da CF?

3º. O fato de a ECT ter seus serviços remunerados por tarifas e preços é fator impeditivo para o reconhecimento da existência da imunidade tributária?

4º. A imunidade tributária alcança também os impostos federais? E como proceder em relação às contribuições como COFINS, PASEP e CSLL?

5º. A ECT pode ser equiparada à Fazenda Pública, para os fins do art. 100 da CF e do art. 730 do CPC?

6º. Sendo a ECT equiparada à Fazenda Pública, estaria ela compelida ao pagamento de taxas, em especial as de localização/funcionamento e suas respectivas renovações?

7º. Os serviços postais quando explorados por agências franqueadas e por permissionários estão abrigados pela imunidade tributária?

8º. O serviço executado pela ECT como atividade afim, conforme definição na Lei 6.538/1978, denominado "Banco Postal", está amparado pela imunidade tributária prevista no art. 150, VI, "a", da CF? Em caso negativo, qual tributo seria incidente sobre a atividade?

9º. Dos serviços não abrigados pela imunidade, qual a justificativa para tal exclusão e quais impostos seriam incidentes sobre esses serviços?

10º. A ECT, enquanto desenvolve suas atividades típicas, sujeita-se ao "'ICMS-operações mercantis", ao "ICMS-transporte" ou ao "ICMS-comunicação"?

11º. A Lei Complementar 116/2003 instituiu como fato gerador de ISS os "serviços de coleta, remessa ou entrega de correspondências, documentos, objetos, bens ou valores, inclusive pelos Correios e suas agências franqueadas; *courrier* e congêneres". Diante dessa definição constante do item 26 da Lista de Serviços anexa à Lei Complementar 116/2003, existe obrigação da ECT de pagar o referido tributo, ante o princípio da imunidade tributária recíproca?

12º. Quais vícios constantes da Lei Complementar 116/2003 poderiam servir de óbice à cobrança do ISS das atividades desempenhadas pela ECT?

13º. Existe alguma ilegalidade na hipótese de retenção de ISS prevista na Lei Complementar 116/2003?

14º. Qual a medida judicial mais adequada para se combater a exigência fiscal de ISS?

15º. Existe algum mecanismo de defesa direta que possa albergar a ECT, de forma uniforme, em todo o território nacional? Quem seria legitimado para usar tal ação?

PARECER

1
Introdução –
Circunscrição do Problema e Plano de Trabalho

A Consulente deseja saber, em síntese, se, em face de sua natureza jurídica e das atividades que desempenha, goza da imunidade tributária de que trata o art. 150, VI, "a", da CF e, em caso afirmativo, qual a extensão deste benefício. Paralelamente, perquire: a) se a circunstância de ter seus serviços remunerados por tarifas e preços é fator impeditivo para o reconhecimento da aludida imunidade; b) se os serviços postais, quando explorados por agências franqueadas e por permissionários, estão abrigados pela imunidade tributária; c) se suas *atividades afins* estão abrangidas pelo mesmo benefício constitucional; d) se a ela se aplica o *item 26* da *Lista de Serviços* veiculada pela Lei Complementar 116/2003; e) se pode ser havida por Fazenda Pública, para os fins do art. 100 da CF e do art. 730 do CPC; e f) se, pelo desempenho de suas atividades típicas, sujeita-se ao ICMS, em seus vários núcleos de incidência.

Observamos, preliminarmente, que, para desenvolvermos nossas teses, não só efetuaremos uma interpretação cuidadosa das normas jurídicas em vigor, como levaremos em conta os fatos que a Consulente realiza no *mundo fenomênico*.

Assim, num primeiro momento, teceremos algumas considerações sobre a tributação na Constituição, as imunidades tributárias em geral e, especificamente, sobre a prevista no art. 150, VI, "a", da CF, demonstrando que alcança as empresas estatais delegatárias de serviços públicos.

Ato contínuo, já ingressando no estudo do caso concreto, examinaremos a natureza jurídica da Consulente e uma série de situações conexas, tudo em ordem a responder, fundamentadamente, aos quesitos que nos foram formulados.

Primeira Parte
CONSIDERAÇÕES GERAIS

2. A tributação na Constituição. 3. As imunidades tributárias. 4. O "princípio da imunidade recíproca" (art. 150, VI, "a", da CF). 5. As empresas estatais delegatárias de serviços públicos e o art. 150, VI, "a", da CF. Questões conexas. 6. Empresas estatais. Novas considerações. 7. Epítome.

2
A Tributação na Constituição

A Constituição Federal contém grande número de princípios e normas tributárias: não só aponta os fatos que podem ser alcançados pela tributação, como estabelece os limites e condições de seu exercício – deixando, neste particular, pouca margem de liberdade aos legisladores ordinários.

Dito de outro modo, o constituinte adotou a técnica de traçar, de modo cuidadoso, as áreas dentro das quais as pessoas políticas podem exercitar a tributação. Em suma, forjou um sistema rígido de distribuição de competências tributárias.

Só para constar, *competência tributária* é a aptidão jurídica para criar, *in abstracto*, tributos, descrevendo, legislativamente, suas *hipóteses de incidência*, seus *sujeitos ativos*, seus *sujeitos passivos*, suas *bases de cálculo* e suas *alíquotas*.

Têm competência tributária, pois, as pessoas políticas. De fato, a União, os Estados, os Municípios e o Distrito Federal receberam do Diploma Máximo a faculdade de instituir, em caráter privativo, todas as modalidades de tributos (impostos, taxas, contribuição de melhoria e outras figuras exacionais que podem ser reconduzidas a uma destas três espécies).

Desdobrando a idéia, a Carta Suprema disciplinou, rigorosa e exaustivamente, o exercício das competências tributárias, de tal arte que o legislador (ordinário ou complementar) praticamente não tem liberdade alguma para eleger as situações que serão submetidas à tributação.

Inadequado dizer, pois, que os entes políticos possuem *poder tributário* (ilimitado, absoluto), já que só podem validamente criar figuras exacionais se observarem os estritos limites constitucionais que regem o assunto.

A propósito, tivemos a oportunidade de deixar registrado:

"(...) o legislador de cada pessoa política (União, Estados, Municípios ou Distrito Federal), ao tributar, isto é, ao criar *in abstracto* tributos, vê-se a braços com o seguinte dilema: ou praticamente reproduz o que consta da Constituição – e, ao fazê-lo, apenas recria, num grau de concreção maior, o que nela já se encontra previsto – ou, na ânsia de ser original, acaba ultrapassando as barreiras que ela lhe levantou e resvala para o campo da inconstitucionalidade".[1]

Logo, ao mesmo tempo em que distribuiu competências tributárias, a Constituição indicou os padrões a que o legislador ordinário de cada pessoa política deverá obedecer, enquanto institui tributos.

Sublinhamos que a competência tributária, no Brasil, é tema exclusivamente constitucional. O assunto foi esgotado pelo próprio constituinte. Em vão, pois, buscaremos em normas infraconstitucionais (que Massimo Severo Giannini chama de "normas subprimárias"[2]) diretrizes a seguir para a criação, *in abstracto*, de tributos. Nesse particular, elas, quando muito, *podem explicitar* o que, porventura, estiver implícito na Constituição. Nada de substancialmente novo podem, porém, agregar-lhe ou subtrair-lhe.

A propósito, convém termos presente que, para as pessoas políticas, a Constituição é a *Carta das Competências Tributárias*: indica o que podem, o que não podem e o que devem fazer, enquanto tratam de tributos.

Importante assinalar, ainda, que as competências tributárias foram desenhadas, com retoques à perfeição, por grande messe de normas constitucionais, que operam como balizas intransponíveis, guiando o legislador (federal, estadual, municipal ou do Distrito Federal) na criação, *in abstracto*, das várias exações.[3]

1. *Curso de Direito Constitucional Tributário*, 19ª ed., 3ª tir., São Paulo, Malheiros Editores, 2004, p. 350.
2. *Corso di Diritto Amministrativo*, vol. I, Milano, Dott. A. Giuffrè Editore, 1965, p. 73.
3. O legislador tributário de cada uma das pessoas políticas encontra no Texto Supremo, perfeitamente iluminado e demarcado, o caminho que está credenciado a palmilhar.

De fato, a Carta Magna traçou a *regra-matriz* (a *norma-padrão de incidência*, o *arquétipo*) de cada exação, apontando, direta ou indiretamente, a *hipótese de incidência possível*, o *sujeito ativo possível*, o *sujeito passivo possível*, a *base de cálculo possível* e a *alíquota possível* das várias espécies e subespécies tributárias. Logo, o legislador, ao exercitar a competência tributária de *sua* pessoa política, deverá ser fiel, em tudo e por tudo, à *regra-matriz constitucional* do tributo com o qual está se ocupando.

Como, nesta altura do raciocínio, é fácil perceber, as pessoas políticas não podem desvirtuar, ainda que minimamente, as *regras-matrizes* dos tributos que lhes foram constitucionalmente deferidos.

Em resumo, a Constituição reduziu todo e qualquer tributo a um *arquétipo normativo* ou *regra-matriz*, que o legislador é obrigado a levar em conta quando cria, *in abstracto*, a exação.[4] Dito de outro modo, a materialidade das normas ordinárias instituidoras das *regras-matrizes de incidência* já se encontra qualificada no próprio Texto Supremo, não podendo, assim, ser alterada por regras infraconstitucionais.

É dentro deste quadro que devem ser estudadas as imunidades tributárias.

---

4. As pessoas políticas não podem eleger, a seu talante, as *regras-matrizes* dos tributos, mas, pelo contrário, devem observá-las rigorosamente.

3
As Imunidades Tributárias

I – Como vimos, *competência tributária* é a faculdade que as pessoas políticas têm para criar, *in abstracto*, tributos. Ao exercitá-la, devem descrever legislativamente os elementos essenciais da norma jurídica tributária (a hipótese de incidência do tributo, seu sujeito ativo, seu sujeito passivo, sua base de cálculo e sua alíquota).

Reiteramos que a competência tributária tem suas fronteiras perfeitamente traçadas pela Constituição Federal, que, inclusive, erigiu, direta ou indiretamente, as *regras-matrizes* de todos os tributos.

Muito bem, as regras de *imunidade tributária* também demarcam (no sentido negativo, embora) o campo reservado à tributação. Se preferirmos, apontam os limites materiais e formais da atividade legislativa tributária.

Noutras palavras, a competência tributária é igualmente desenhada por normas negativas, que veiculam o que se convencionou chamar de *imunidades tributárias*.

Neste sentido, podemos dizer que a *competência tributária* traduz-se numa *autorização* ou *legitimação* para a criação de tributos (aspecto positivo) e num *limite* para fazê-lo (aspecto negativo).

De modo atilado, Eduardo Domingos Bottallo observou:

"(...) o campo de incidência da norma *(tributária)* é identificado mediante um processo de qualificação de fatos. Sob tal perspectiva, torna-se simples deduzir qual será, por oposição, a área de não-incidência. Esta corresponderá ao plano integrado pelo grupo de fatos que – apesar de existentes – não foram alcançados pela disposição normativa.

"(...).

"Pois bem. Quando a não-incidência decorre de expressa disposição constitucional, que vede ao legislador ordinário competente instituir determinado tributo, alcançando certa realidade, ou pessoa, estamos diante da figura da imunidade. Neste caso, a vedação – por estar contida no próprio texto da Lei Maior – apresenta-se como 'limitação constitucional do poder de tributar' de que são titulares União, Estados, Distrito Federal e Municípios.

"Este, pois, o campo das imunidades tributárias: hipóteses de não-incidência constitucionalmente qualificadas."[5]

Com efeito, as normas constitucionais que tratam de imunidades tributárias fixam, por assim dizer, a *não-competência* (*incompetência*) dos entes políticos para onerarem com exações certas pessoas, seja pela natureza jurídica que elas têm, seja porque coligadas a determinados fatos, bens ou situações.

II – Ressaltamos que as imunidades tributárias beneficiam, em última análise, pessoas.

É certo que a doutrina mais tradicional[6] classifica as imunidades em *subjetivas*, *objetivas* e *mistas*, conforme alcancem *pessoas*, *coisas* ou *ambas*.

Esta classificação não deixa de ser útil. Parece-nos, todavia, que, em termos técnicos, *a imunidade é sempre subjetiva*, já que invariavelmente beneficia pessoas, quer por sua natureza jurídica, quer pela relação que guardam com determinados fatos, bens ou situações.

O que estamos querendo expressar é que mesmo a chamada *imunidade objetiva* alcança pessoas, só que não por suas qualidades, características ou tipo de atividade que desempenham, mas porque relacionadas com determinados fatos, bens ou situações (*v.g.*, a imunidade do art. 150, VI, "d", da CF). Já, a denominada

---

5. *Fundamentos do IPI*, São Paulo, Ed. RT, pp. 107-108 (esclarecemos no parêntese).

6. Por exemplo, Aliomar Baleeiro, *Direito Tributário Brasileiro*, 7ª ed., Rio de Janeiro, Forense, 1975, p. 87.

imunidade subjetiva alcança pessoas por sua própria natureza jurídica (por exemplo, a imunidade do art. 150, VI, "a", da CF). E, finalmente, a *imunidade mista* alcança pessoas por sua natureza jurídica *e* porque relacionadas com determinados fatos, bens ou situações (*e.g.*, a imunidade do art. 153, § 4º, da CF).

De qualquer modo, o importante é termos presente que as normas constitucionais que veiculam imunidades contribuem para traçar o perfil das competências tributárias.

Corroborando a idéia, Paulo de Barros Carvalho expõe: "(...) a regra que imuniza é uma das múltiplas formas de demarcação de competência. Congrega-se às demais para produzir o campo dentro do qual as pessoas políticas poderão operar, legislando sobre matéria tributária. Ora, (...) a norma que firma a hipótese de imunidade colabora no desenho constitucional da faixa de competência adjudicada às entidades tributantes. Dirige-se ao legislador ordinário para formar, juntamente com outros mandamentos constitucionais, o feixe de atribuições entregue às pessoas investidas de poder político. Aparentemente, difere dos outros meios empregados por mera questão sintática".[7]

É o que também assinala José Souto Maior Borges: "A regra jurídica de imunidade insere-se no plano das *regras negativas de competência*. O setor social abrangido pela imunidade está *fora* do âmbito da tributação. Previamente excluído, como vimos, não poderá ser objeto de exploração pelos entes públicos".[8]

A lei, ao descrever a norma jurídica tributária, não pode colocar certas pessoas – sob pena de manifesta inconstitucionalidade – na contingência de recolher *aqueles* tributos indicados na Carta Suprema. Por muito maior razão não o pode fazer a Administração Fazendária, que, ao interpretar e aplicar a lei, também deve levar em conta os ditames constitucionais.

Estamos percebendo que, por *efeito reflexo*, as regras imunizantes conferem aos beneficiários o direito público subjetivo de não serem tributados. Deste modo, se a situação N é, nos termos da Lei Maior, insuscetível de ser alcançada pela tributação, o

---

7. *Imunidades Tributárias*, trabalho inédito, 1984, pp. 5-6.
8. *Isenções Tributárias*, 1ª ed., São Paulo, Sugestões Literárias, 1969, p. 209 (os grifos são do autor).

contribuinte tem o direito de, enquanto a realiza, não ser molestado, em sua propriedade, por pessoa política alguma. Por outro lado, se só a pessoa política A pode tributar o fato X, o contribuinte que o pratica também tem o direito de, em razão dele, não ser tributado pelas pessoas políticas B, C, D, N.

José Wilson Ferreira Sobrinho raciocina do mesmo modo: "A norma imunizante não tem apenas a função de delinear a competência tributária, senão que também outorga ao imune o direito público subjetivo de não sofrer a ação tributária do Estado. A norma imunizante, portanto, tem o duplo papel de fixar a competência tributária e de conferir ao seu destinatário um direito público subjetivo, razão que permite sua caracterização, no que diz com a outorga de um direito subjetivo, como norma jurídica atributiva por conferir ao imune o direito referido".[9]

Enfim, a Constituição, não querendo que certas pessoas venham a ser alvo de tributação, estendeu-lhes o manto da *imunidade tributária*.

III – Impende notar que a imunidade é ampla e indivisível, não admitindo, nem por parte do legislador (complementar ou ordinário), nem do aplicador (juiz ou agente fiscal), "restrições ou meios-termos"[10] – a não ser, é claro, os já previstos na própria Lei Maior.

Daí podermos dizer que as normas constitucionais que tratam das imunidades tributárias são de *eficácia plena e aplicabilidade imediata*, produzindo todos os seus efeitos, independentemente da edição de normas inferiores (leis, decretos, portarias, atos administrativos etc.) que as explicitem.

Indisputável, neste sentido, que desobedecer a uma regra de imunidade equivale a incidir em inconstitucionalidade. Ou, como expressivamente apregoa Aliomar Baleeiro, "as imunidades tornam inconstitucionais as leis ordinárias que as desafiam".[11]

---

9. *Imunidade Tributária*, Porto Alegre, Sérgio Antônio Fabris Editor, 1996, p. 102.
10. Edgard Neves da Silva, "Imunidade e isenção", in *Curso de Direito Tributário*, 4ª ed., Belém, Editora CEJUP, 1974, p. 247.
11. *Direito Tributário Brasileiro*, 1ª ed., Rio de Janeiro, Forense, 1970, p. 87.

Aproveitando o mote, podemos acrescentar: *as imunidades tornam duplamente inconstitucionais as manifestações interpretativas e os atos administrativos que as desafiam.*

De fato, se nem a lei pode anular ou restringir as situações de imunidade contempladas na Constituição, por muito maior razão não o poderão fazer o aplicador e o intérprete.

É sempre oportuno realçar que nem mesmo a lei – que pode criar tributos – tem a potencialidade de violar imunidades tributárias.

Nesta medida, a imunidade é uma incontornável garantia constitucional do contribuinte, que direciona a própria ação legislativa das pessoas políticas e, por muito maior razão, a ação administrativa (aplicativa da lei) e o labor exegético.

IV – De um modo geral, as regras de imunidade consagram valores que, por sua importância, foram postos pela Assembléia Nacional Constituinte, em nome do Povo Brasileiro, no próprio Preâmbulo da Constituição (igualdade, justiça, bem-estar, segurança, direitos individuais e sociais etc.).

Na mesma linha, pontificam Aires Fernandino Barreto e Paulo Ayres Barreto: "As tipificações constitucionais dos fatos, pessoas ou bens, sobre os quais não têm as pessoas políticas competência tributária, são reveladoras de valores privilegiados pela Constituição, porque decorrentes de princípios nela própria consagrados. O constituinte, ao estabelecer, no art. 150, VI, da CF, que é vedado à União, aos Estados, ao Distrito Federal e aos Municípios instituir impostos sobre as situações ali expressamente indicadas, reafirma valores que hão de ser protegidos pela ordem jurídica: expressões de princípios reconhecidamente consagrados pela Constituição".[12]

Saliente-se, por outro lado, que a compreensão do alcance das imunidades, diferentemente do que ocorre com as isenções, transcende os lindes do Direito Tributário, para revelar-se própria do Direito Constitucional.

A respeito, é o caso de novamente invocarmos o sempre fecundo magistério de José Souto Maior Borges:

---

12. *Imunidades Tributárias: Limitações Constitucionais ao Poder de Tributar*, São Paulo, Dialética, 1999, p. 11.

"Sistematicamente, através da imunidade resguardam-se princípios, idéias-força ou postulados essenciais ao regime político. Conseqüentemente, pode-se afirmar que as imunidades representam muito mais um problema do Direito Constitucional do que um problema do Direito Tributário.

"Analisada sob o prisma do fim, objetivo ou escopo, a imunidade visa a assegurar certos princípios fundamentais ao regime, a incolumidade de valores éticos e culturais consagrados pelo ordenamento constitucional positivo e que se pretende manter livre das interferências ou perturbações da tributação.

"*A imunidade, diversamente do que ocorre com a isenção, não se caracteriza como regra excepcional frente ao princípio da generalidade do tributo.*"[13]

Por isso tudo, a interpretação dos preceitos imunizantes há de ser o mais possível *generosa* (Geraldo Ataliba), posto expressarem a vontade do constituinte – explicitamente manifestada – de preservar da tributação valores de particular significado político, social ou econômico.

V – Finalmente, damo-nos pressa em escrever que, pelo menos em tese, a imunidade tributária pode alcançar quaisquer tributos. Tanto isto procede que a Constituição Federal concede imunidades *a algumas taxas* (justamente em seus arts. 5º, XXXIV, "a" e "b"; 5º, LXXIII; 5º, LXXIV; 5º, LXXVI, "a" e "b"; 5º, LXXVII; 203, *caput*; 208; 226, § 1º; e 230, § 2º).[14]

Imperioso reconhecer, porém, que as mais emblemáticas e economicamente significativas situações de imunidade tributária giram em torno dos impostos. Estão apontadas na Constituição Federal em seus arts. 149, § 2º, I (as *contribuições sociais* e *de intervenção no domínio econômico* que incidem sobre as receitas decorrentes de exportação são figuras exacionais recondutíveis à espécie *imposto*[15]); 150, VI, "a" a "d"; 150, § 2º; 153, § 2º, II;[16]

---

13. *Isenções Tributárias*, 2ª ed., São Paulo, Sugestões Literárias, 1980, pp. 184-185 (grifamos).
14. A propósito deste assunto, v., de Regina Helena Costa, *Imunidades Tributárias*, São Paulo, Malheiros Editores, 2001, pp. 207 e ss.
15. V., a respeito, nosso *Curso de Direito Constitucional Tributário*, 19ª ed., 3ª tir., pp. 519 e ss.
16. Este dispositivo qualifica como imunes ao *imposto sobre a renda* os proventos de aposentadoria, quando percebidos por maiores de 65 anos.

153, § 3º, III; 153, § 4º; 155, § 2º, X, "a" a "c"; 156, II, *in fine*; 156, § 2º, I; 184, § 5º; e 195, § 7º (as *contribuições para a Seguridade Social*, recolhidas pelas *entidades beneficentes de assistência social*, também têm natureza jurídica de *imposto*[17]).

Muito bem. Estendido este pano de fundo, é o momento de cuidarmos do *princípio da imunidade recíproca* (art. 150, VI, "a", da CF), que, conforme procuraremos demonstrar, também alcança as empresas estatais (empresas públicas e sociedades de economia mista), *quando delegatárias de serviços públicos*.

Embora "expungido" de nossa Constituição, pela Emenda Constitucional 20/1998, continua, a nosso ver, valendo, por tipificar *cláusula pétrea*, a desabilitar o constituinte derivado de abolir o benefício, agora irreversivelmente incorporado ao patrimônio jurídico das pessoas que o receberam. A propósito, v. nosso *Curso de Direito Constitucional Tributário*, 19ª ed., 3ª tir., pp. 712-714.

17. Idem, pp. 642-749.

4
O "Princípio da Imunidade Recíproca"
(art. 150, VI, "a", da CF)

I – O *princípio da imunidade recíproca* encontra-se veiculado no art. 150, VI, "a", da CF: "Art. 150. Sem prejuízo de outras garantias asseguradas ao contribuinte, é vedado à União, aos Estados, ao Distrito Federal e aos Municípios: (...) VI – instituir impostos sobre: a) patrimônio, renda ou serviços, uns dos outros; (...)".

Este princípio decorre seja do *princípio federativo*, seja do *princípio da isonomia* (igualdade jurídica) *das pessoas políticas*.

Decorre do *princípio federativo* porque, se uma pessoa política pudesse exigir impostos de outra, fatalmente acabaria por interferir em sua autonomia.[18] Sim, porque, cobrando-lhe impostos, poderia levá-la a situação de grande dificuldade econômica, a ponto de impedi-la de levar avante seus objetivos institucionais. Ora, isto a Constituição absolutamente não tolera, tanto que inscreveu nas *cláusulas pétreas* que não será sequer objeto de deliberação a proposta de emenda constitucional tendente a abolir "a forma federativa de Estado" (art. 60, § 4º, I). Ora, na medida em que nem emenda constitucional pode tender a abolir a forma federativa de Estado, muito menos o poderá fazer a lei tributária, exigindo imposto de pessoa política.

---

18. No mesmo sentido: Francisco Campos (*Direito Constitucional*, vol. 1º, Rio de Janeiro, Livraria Freitas Bastos, 1956, p. 18), Amílcar de Araújo Falcão ("Imunidade e isenção tributária – Instituição de assistência social", *RDA* 66/369) e Gilberto de Ulhôa Canto (in *RDA* 52/35).

Mas, conforme adiantamos, também o *princípio da isonomia das pessoas políticas*[19] impede que estas se tributem, umas às outras, por meio de impostos.

De fato, a tributação por meio de impostos – justamente por independer de uma atuação estatal – pressupõe uma supremacia de quem tributa em relação a quem é tributado. Ou, se preferirmos, um *estado de sujeição* de quem é tributado, em relação a quem o tributa.

Ora, entre as pessoas políticas reina a mais absoluta igualdade jurídica. Umas não se sobrepõem às outras. Não, pelo menos, em termos jurídicos. É o quanto basta para afastarmos qualquer idéia de que podem sujeitar-se a impostos.

O que estamos querendo significar é que, ainda que inexistisse a alínea "a", acima citada,[20] elas estariam igualmente proi-

19. Para nós, quem melhor cuidou da isonomia das pessoas constitucionais foi o insigne jurista Eduardo Marcial Ferreira Jardim, que assim desenvolveu seu arguto raciocínio:
"A Carta Magna estabeleceu o postulado da igualdade entre as pessoas constitucionais, pelo quê a União, os Estados, o Distrito Federal e os Municípios desfrutam de semelhante estatura jurídica em nossa ordem normativa. Ainda que no plano territorial, econômico, social etc. existam acentuadas diferenças nas diversas ordens jurídicas, quer a central, quer as periféricas, a grande verdade é que sob o ponto de vista jurídico elas se afiguram absolutamente iguais, inexistindo, pois, qualquer vínculo de hierarquia ou de subordinação.
"A aludida isonomia advém da condição de pessoa política inerente àquelas retromencionadas. Assim, por força de disposições constitucionais, todas elas são dotadas de autonomia, que no expressivo dizer de Laband supõe a aptidão de criar Direito próprio e não por delegação.
"A lição de Laband, é de notar, traz em sua implicitude os componentes que o senso comum costuma denominar autonomia política, financeira e administrativa, o que, de nossa parte, não revela com o rigor desejável o sentido de autonomia, pois essa noção se exaure na simples condição de ter governo próprio, estatuído por meio de competência haurida diretamente na *Lex Legum* (...)" (*Manual de Direito Financeiro e Tributário*, 6ª ed., São Paulo, Saraiva, 2003, pp. 163-164).
20. Apenas para registro, a Constituição dos Estados Unidos da América (que também criou uma Federação, com autonomia recíproca entre a União e os Estados-membros) em nenhum de seus artigos ou emendas contém dispositivo expresso a respeito da imunidade tributária recíproca das pessoas políticas. E, no entanto, lá, depois de ligeiros titubeios iniciais, sempre se entendeu que nem a União pode exigir impostos dos Estados, nem estes da União ou uns dos outros.

bidas de tributar-se reciprocamente por meio de impostos. Todos os impostos, e não apenas os incidentes sobre "patrimônio, renda ou serviços, uns dos outros".

Dois argumentos levam-nos a esta conclusão.

O primeiro: a Constituição usou, nesta passagem (como em tantas outras), uma linguagem econômica – e, portanto, não-jurídica. Lembramos que para a Economia todos os impostos são *ou sobre a renda, ou sobre o patrimônio ou sobre serviços*. Assim, por exemplo, para a Economia são impostos *sobre o patrimônio*, dentre outros: a) o imposto sobre grandes fortunas; b) o imposto territorial rural; c) o imposto sobre a propriedade de veículos auto-

Com efeito, em 1819 o Estado de Maryland pretendeu cobrar *imposto sobre a selagem com estampilhas* de uma oficial do banco oficial (*Bank of U.S.*). McCulloch (gerente deste banco, na sucursal de Baltimore) insurgiu-se contra isto, levando o caso à Corte Suprema (julgado "McCulloch vs. Maryland"), então presidida pelo legendário Juiz John Marshall. Sob a coordenação deste *Chief-Justice*, a mais alta Corte Norte-Americana, em decisão célebre, deixou assentadas as seguintes diretrizes, que valem até hoje (inclusive para o Brasil, que, nesta matéria, seguiu o modelo estadunidense): I – a competência para tributar por meio de impostos envolve, eventualmente, a competência para destruir; II – não se deseja – e a própria Constituição não o admite – nem que a União destrua os Estados-membros, nem que estes se destruam mutuamente ou à União; e III – logo, nem a União pode exigir impostos dos Estados-membros, nem estes da União, ou uns dos outros.

Muito bem, quando Rui Barbosa foi chamado a redigir o *Anteprojeto* daquela que veio a ser nossa primeira Constituição Republicana (a de 1891), embora tenha confessadamente se inspirado na Carta dos Estados Unidos da América, preferiu, neste ponto, inovar: conhecedor das celeumas que, pelo menos num primeiro momento, a omissão causara no País do Norte, e temendo que nossa Corte Suprema pudesse dar solução diversa ao problema, acaso surgisse no Brasil, inseriu, em seu trabalho, proibição expressa à tributação, por meio de impostos, das pessoas políticas.

O Anteprojeto de Rui foi, neste ponto, aprovado, passando nossa Carta de 1891 a rezar, em seu art. 10, § 1º, ser vedado à União e aos Estados "criar imposto de trânsito pelo território de um Estado ou na passagem de um para outro, sobre produtos de outros Estados da República, ou estrangeiros, e bem assim sobre os veículos de terra e água, que os transportarem".

Este preceptivo didático acabou, com as devidas adaptações, sendo mantido nas Constituições seguintes. De fato, disposições análogas são encontráveis em todas as ulteriores Constituições Brasileiras, inclusive na atual.

Só considerações de ordem histórica explicam, pois, a inserção desta alínea "a", desnecessária, como visto, sob o aspecto técnico.

motores; e d) o imposto predial e territorial urbano. Já, para o Direito são impostos diferentes: os dois primeiros, de *competência privativa* da União; o terceiro, dos Estados-membros; o último, dos Municípios. Em suma, quando aludiu aos impostos sobre o patrimônio, a renda e os serviços, a Constituição, com verdade, fez referência a todos eles.

O segundo: conforme vimos, ainda que a Constituição tivesse silenciado a respeito, as pessoas políticas não poderiam exigir impostos umas das outras, para não destruí-las ou criar-lhes dificuldades de funcionamento.

Vamos encontrar esta mesma idéia em Henry C. Black, que, comentando a Constituição Norte-Americana (igual, neste ponto, à Brasileira), assim se pronunciou: "The necessary independence of the federal state governments imposes a limitation upon the taxing power of each. Neither can so exercise its own power of taxation as to curtail the rightful powers of the other, or interfere with the free discharge of its constitutional functions, or obstruct, embarrass, or nullify its legitimate operations, or destroy the means or agencies employed by it in the exercise of those powers and functions".[21]

Portanto, não é dado a uma pessoa política, por meio de impostos, criar embaraços ou anular a ação de outra. E esta vedação cobre a universalidade de seus bens, aí compreendidas as rendas advindas até mesmo de "preços públicos", bastando que sejam carreadas para a realização dos objetivos que a Constituição lhe comete.

II – Acerca do assunto, é imprescindível trazermos à colação o § 3º do art. 150 do Diploma Magno, *verbis*:

"Art. 150. (...).

"(...).

"§ 3º. As vedações do inciso VI, 'a', e do parágrafo anterior não se aplicam ao patrimônio, à renda e aos serviços, relacionados com exploração de atividades econômicas regidas pelas normas aplicáveis a empreendimentos privados, ou em que haja contraprestação ou pagamento de preços ou tarifas pelo usuá-

---

21. *Black's Constitutional Law – Second Edition*, p. 378.

rio, nem exoneram o promitente comprador da obrigação de pagar imposto relativamente ao bem imóvel."

Fiquemos com as seguintes ressalvas – que são as que nos interessam, para os fins deste estudo: a) "as vedações do inciso VI, 'a', (...) não se aplicam ao patrimônio, à renda e aos serviços relacionados com exploração de atividades econômicas regidas pelas normas aplicáveis a empreendimentos privados"; e b) "em que haja contraprestação ou pagamento de preços ou tarifas pelo usuário".

IIa – Com a só leitura do tópico "a", supra, já percebemos que, sempre que uma pessoa política explorar atividades econômicas, sujeita-se aos impostos pertinentes (IPI, ICMS, imposto sobre a importação etc.). O *princípio da imunidade recíproca* já não vale para ela. Assim, por exemplo, quando a União mantém *armazéns*, para que seus funcionários neles adquiram produtos, não há como considerá-la imune ao ICMS. Pelo contrário, como qualquer empresa privada, é passível de ser colhida por este imposto.

É preciso, aqui, distinguir, portanto, a atividade do Estado como *government* da atividade do Estado como *proprietary*. Noutros termos, é mister verificar se ele presta serviço público ou se explora atividade econômica, agindo como se empresa privada fosse. A imunidade fica restrita à primeira hipótese, vale dizer, quando o Estado exerce função governamental propriamente dita.

Observa, a respeito, Aliomar Baleeiro: "Não há, pois, razão nem cabimento para invocar-se imunidade recíproca nas operações de entidades públicas, cuja tributação deverá ser suportada por particulares. Se o órgão oficial vende, por exemplo, alimentos de sua produção ou adquiridos de terceiros, para melhoria das condições de vida de servidores públicos ou do povo em geral, nada justifica o benefício adicional da isenção do imposto pago por todos os habitantes".[22]

Em suma, quando a pessoa política desempenha atividades tipicamente privadas o *princípio da imunidade recíproca* não a beneficia. Somente a alcança quando desempenha suas funções típicas (funções governamentais propriamente ditas).

---

22. *Direito Tributário Brasileiro*, p. 232.

IIb – A imunidade também não beneficia as pessoas políticas enquanto exercem atividades econômicas, mediante contraprestação ou recebimento de preços ou tarifas.

Invertendo o raciocínio, podemos afirmar que as pessoas políticas são imunes quando exercem atividades econômicas sem contrapartida ou pagamento de *preços* ou *tarifas* pelo beneficiário. É que, nestes casos, as exigências fiscais mutilariam, ainda que em parte, a renda ou o patrimônio destas pessoas, embaraçando o cumprimento de suas atividades públicas essenciais. O desempenho destas atividades econômicas corresponde à prestação de serviços públicos.

Deveras, não havendo o *repasse*, aos usuários, dos *custos* dos serviços públicos que os beneficiam, qualquer imposto que a pessoa política suportasse (pela obtenção dos *meios necessários* à prestação destes mesmos serviços públicos) acabaria incidindo sobre sua renda ou capital (patrimônio), afrontando a letra e o espírito do art. 150, VI, "a", da CF.

III – A mesma ordem de raciocínio vale, segundo pensamos, para as empresas estatais (empresas públicas e sociedades de economia mista), enquanto delegatárias de serviços públicos. Destarte, a elas também se aplica o *princípio da imunidade recíproca*.

Vamos logo adiantando que, quando a empresa estatal presta serviço público, em seu favor incide o disposto no § 2º do art. 150 da CF, sem as ressalvas do § 3º deste mesmo dispositivo. Irrelevante, pois, para o desfrute da imunidade em pauta, que a delegatária cobre *preço* ou *tarifa* do usuário.

Ademais, a empresa estatal, ainda que o faça, não determina livremente o valor da contraprestação, que é regulado por lei ou por ato do Poder Executivo. Com isso, a contraprestação nunca é a adequada, já que não há equivalência e equilíbrio entre o custo da atuação estatal e o valor, em razão dela, desembolsado pelo usuário.

Esta idéia mais se acentua se levarmos em conta que a delegatária não pode negar-se a prestar o serviço público ainda que isto lhe seja economicamente desvantajoso. De fato, a idéia de serviço público harmoniza-se com a persecução do bem comum, que é o fim precípuo do Estado.

Nas hostes do Direito, o que torna público um serviço não é sua natureza, nem qualquer propriedade intrínseca que eventualmente possua, mas o *regime jurídico* a que está submetido. Assim, se for prestado por determinação constitucional ou legal será, por sem dúvida, um serviço público, ainda que, eventualmente, não seja essencial à sobrevivência do homem.

O que vai dizer se um serviço é público é a lei, com apoio na Constituição. E a natureza pública de um serviço depende de uma opção política, feita pelo Estado, num dado momento histórico.

Assim, por exemplo – e já nos aproximando do tema central desta manifestação opinativa –, a *Empresa Brasileira de Correios e Telégrafos* é obrigada a encaminhar a correspondência da pessoa que procura seus serviços mesmo que, contas feitas, isto lhe cause assinalados prejuízos, pela dificuldade de acesso ao destinatário.

É que o serviço público tem por mola propulsora a lei; não o pagamento do *preço* ou da *tarifa* que eventualmente ensejar. Logo, há de ser prestado ainda que tal pagamento se revele insuficiente para manter o equilíbrio econômico-financeiro da delegatária. Dito de outro modo, recebendo remuneração insuficiente (ou até nada recebendo), a delegatária é obrigada a prosseguir em suas finalidades, legalmente estabelecidas.

Sobremais, o serviço público é indisponível. Melhor dizendo, a empresa estatal delegatária presta-o, nos termos da lei, para atender, conforme determina a Constituição, ao interesse público. Trata-se de um ônus, não de uma faculdade. *Res extra commercium*, é insuscetível de negociação, quer da parte da delegatária (que é obrigada a prestá-lo, nos termos da lei), quer do usuário (que, para a ele ter acesso, deve curvar-se às exigências legais pertinentes).

Deste ponto de vista não discrepa Humberto Ávila, para quem "a entidade pública deve possuir a liberdade, total ou parcial, para determinar o valor da contraprestação".[23] Caso os valores a serem pagos pelo usuário do serviço público não sejam "livremente fixados, mas regulados por lei ou pelo Poder Executivo, não existe uma contraprestação adequada".[24] Com isso,

---

23. *Sistema Constitucional Tributário*, São Paulo, Saraiva, 2004, p. 219.
24. Humberto Ávila, idem, p. 220.

"não estão presentes os elementos necessários à configuração de uma atividade econômica"[25] – não se podendo falar, pois, em aplicação do § 3º do art. 150 da CF.

Além do mais, quando o serviço público está sob a égide do art. 175 da CF[26] e vem prestado em regime de monopólio, a empresa estatal que o realiza equipara-se à pessoa política delegante, sendo, destarte, também beneficiária do *princípio da imunidade recíproca*, sem sofrer as injunções do § 3º do art. 150 do mesmo Diploma Magno.

Tal o entendimento do preclaro jurista Ives Gandra da Silva Martins, que, do alto de sua autoridade científica, observa:

"Se um serviço público vinculado ao regime jurídico do art. 175 é de responsabilidade exclusiva da unidade da Federação, sobre não estarem obrigados seus exploradores a seguir as regras do art. 173, tal serviço não está incluído na disciplina constitucional dos §§ 2º e 3º do art. 150, mas do próprio inciso VI, letra 'a', sendo *serviço* peculiar da entidade federativa que o explora.

"Em outras palavras, embora o § 3º do art. 150 funcione como desprotetor da imunidade para serviços públicos prestados por empresas públicas ou sociedades de economia mista, quando forem estes monopolizados ou de responsabilidade exclusiva da União, submetem-se à regência da imunidade do art. 150, inciso VI, letra 'a'. Tais serviços públicos, ao contrário dos demais, são aqueles que pertinem exclusivamente à entidade federativa e só podem ser prestados por ela ou por entidades submetidas ao mesmo regime jurídico por interesse, oportunidade e conveniência da Administração."[27]

O lúcido raciocínio vem de receber o prestigioso endosso do STF, em acórdão que teve por relator o Min. Carlos Mário Velloso, *verbis*:

"*Ementa*: Constitucional – Tributário – Empresa Brasileira de Correios e Telégrafos – Imunidade tributária recíproca: CF, art.

---

25. Idem, ibidem.
26. Constituição Federal: "Art. 175. Incumbe ao Poder Público, na forma da lei, diretamente ou sob regime de concessão ou permissão, sempre através de licitação, a prestação de serviços públicos".
27. "Imunidade tributária dos Correios e Telégrafos", *Revista Dialética de Direito Tributário* 74/61-62 (o grifo está no original).

150, VI, 'a' – Empresa pública que exerce atividade econômica e empresa pública prestadora de serviço público: distinção.

"I – As empresas públicas prestadoras de serviço público distinguem-se das que exercem atividade econômica. A Empresa Brasileira de Correios e Telégrafos é prestadora de serviço público de prestação obrigatória e exclusiva do Estado, motivo por que está abrangida pela imunidade tributária recíproca: CF, art. 150, VI, 'a'.

"II – Recurso extraordinário conhecido em parte e, nessa parte, provido."[28]

Observamos, ainda, que, no corpo do acórdão, o eminente Relator explicitou a idéia. Ouçamo-lo:

"Dir-se-á que (...) à ECT não se aplicaria a imunidade mencionada, por isso que cobra ela preço ou tarifa do usuário.

"A questão não pode ser entendida dessa forma. É que o § 3º do art. 150 tem como destinatário entidade estatal que explore atividade econômica regida pelas normas aplicáveis a empreendimentos privados, ou em que haja contraprestação ou pagamento de preços ou tarifas pelo usuário. No caso, tem aplicação a hipótese inscrita no § 2º do mesmo art. 150."[29]

O festejado Jurista não poderia dizer mais, nem melhor.

De fato, quando as empresas estatais prestam, na condição de delegatárias, serviços públicos, a elas não se aplica a vedação do art. 150, § 3º, da CF, mas sim o *princípio da imunidade recíproca* (art. 150, VI, "a", da CF), que lhes garante o direito de não recolher impostos ainda que haja contraprestação ou pagamento de *preços* ou *tarifas* pelo usuário.

Não há falar, pois, no caso, em desempenho de atividade econômica, quando – aí, sim (e somente aí) – o *princípio da imunidade recíproca* deixaria de se fazer sentir.

IV – Somos os primeiros a concordar que as empresas públicas e as sociedades de economia mista, quando desempenham atividades econômicas, devem ser submetidas aos mesmos tributos que alcançam as empresas privadas em geral.

---

28. RE 407.099-5-RS, j. 22.6.2004.
29. Idem.

Chegamos a esta conclusão com a só leitura do art. 173, §§ 1º, II e 2º, da CF:

"Art. 173. Ressalvados os casos previstos nesta Constituição, a exploração direta de atividade econômica pelo Estado só será permitida quando necessária aos imperativos da segurança nacional ou a relevante interesse coletivo, conforme definidos em lei.

"§ 1º. A lei estabelecerá o estatuto jurídico da empresa pública, da sociedade de economia mista e de suas subsidiárias que explorem atividade econômica de produção ou comercialização de bens ou de prestação de serviços, dispondo sobre:

"(...);

"II – a sujeição ao regime jurídico próprio das empresas privadas, inclusive quanto aos direitos e obrigações civis, comerciais, trabalhistas e tributários;

"(...).

"§ 2º. As empresas públicas e as sociedades de economia mista não poderão gozar de privilégios fiscais não extensivos às do setor privado."

Incontroverso, portanto, que quando as empresas públicas e as sociedades de economia mista intervêm no domínio econômico devem vestir o figurino das empresas privadas, inclusive no que concerne à tributação.

Não podemos deixar de aplaudir a exigência constitucional, pois de pouco valeria o *caput* do precitado art. 173 declarar competir preferencialmente à iniciativa privada a exploração de atividades econômicas, se as empresas públicas e as sociedades de economia mista, intervindo no mercado, pudessem desfrutar unilateralmente de privilégios fiscais. Com isto, acabariam promovendo verdadeira *concorrência desleal*, já que seus produtos ou serviços, livres dos custos da tributação, tenderiam a ser mais baratos que os das empresas privadas. Na prática, pois, a exploração preferencial das atividades econômicas pertenceria ao Estado (contrariando diretriz de nosso sistema jurídico).

Enfim, o art. 173 da CF impede que empresas públicas e sociedades de economia mista recebam tratamento tributário especial, em detrimento das empresas privadas. A vedação justifica-se pelo tratamento igualitário que todas as empresas – estatais ou privadas – que atuam no mercado devem receber.

Até aqui não vai, pois, novidade alguma: as empresas públicas e as sociedades de economia mista, enquanto percorrem o campo da atividade econômica em sentido estrito, não são imunes à tributação por meio de impostos. Devem, em exemplário armado ao propósito, pagar imposto sobre a renda, enquanto auferem rendimentos; IPTU, enquanto proprietárias de imóveis urbanos; ISS, enquanto, em caráter negocial, prestam serviços de qualquer natureza – e assim por diante.

Estamos, no entanto, mais do que convencidos de que as empresas públicas e as sociedades de economia mista, quando delegatárias de serviços públicos,[30] são tão imunes aos impostos quanto as próprias pessoas políticas que as criaram, a elas se aplicando, destarte, o *princípio da imunidade recíproca*. Enquanto prepostas à atividade administrativa, não podem ser compelidas, nem mesmo por meio de lei, a efetuar o pagamento de impostos. É que a Constituição, neste particular, restringe, de modo indireto, as faculdades legislativas das pessoas políticas.[31]

Tal o assunto do nosso próximo item.

---

30. A noção de *serviço público* é formal. Nenhum serviço é público por sua própria natureza, mas porque submetido, em sua prestação, ao *regime de Direito Público*. E isto se dá por opção política, consagrada na Constituição, como bem observa Ruy Cirne Lima: "A definição do que seja, ou não, serviço público pode, entre nós, em caráter determinante, formular-se somente na Constituição Federal e, quando não explícita, há de ter-se como suposta no texto daquela. A lei ordinária que definir o que seja, ou não, serviço público terá de ser contrastada com a definição expressa ou suposta pela Constituição" (*Pareceres de Direito Público*, Porto Alegre, Sulina, 1963, p. 122).

31. Hart observa que a Constituição restringe os poderes legislativos do Estado de modo indireto, vale dizer, dispondo que qualquer lei que contrarie certos postulados receberá a coima de nula (*El Concepto de Derecho*, 2ª ed., trad. de Genaro R. Carrió, México, Editora Nacional, 1980, pp. 82 e ss.).

5

As Empresas Estatais Delegatárias de Serviços Públicos e o Art. 150, VI, "a", da CF. Questões Conexas

I – As empresas estatais, quando delegatárias de serviços públicos – e que, portanto, não exploram atividades econômicas –, não se sujeitam à tributação por meio de impostos justamente porque são a *longa manus* das pessoas políticas que, por meio de lei, as criam e lhes apontam os objetivos públicos a alcançar.

A circunstância de serem revestidas da natureza de *empresa pública* ou de *sociedade de economia mista* não lhes retira a condição de *pessoas administrativas*, que agem em nome do Estado, para a consecução do bem comum.

Incensuráveis, a respeito, as lúcidas observações de Geraldo Ataliba: "Há delegação (o que só cabe por decisão legislativa) quando a pessoa política (União, Estado ou Município) cria uma entidade sob a forma de empresa (pública ou mista) e a incumbe de prestar um serviço público. Assim, a empresa estatal é delegada e (na forma da lei) exerce serviço público próprio da entidade política cuja lei a criou".[32]

Muito bem, as pessoas administrativas delegatárias de serviços públicos titularizam interesses públicos, que lhes dão grande cópia de prerrogativas, inclusive no que concerne à tri-

---

32. "Empresas estatais e regime administrativo (Serviço público – Inexistência de concessão – Delegação – Proteção ao interesse público)", *RTDP* 4/67, São Paulo, Malheiros Editores, 1993.

butação, a elas se aplicando, por inteiro, a imunidade do art. 150, VI, "a", da CF.

Sendo mais específicos, no exercício de suas funções típicas, tais pessoas, enquanto auferem rendimentos, são imunes ao imposto sobre a renda e aos demais tributos que incidem sobre lucros, receitas, rendimentos etc.; enquanto proprietárias dos imóveis que lhes dão *base material* para o desempenho de suas atividades típicas, são imunes ao IPTU; enquanto proprietárias de veículos automotores utilizados na prestação dos serviços públicos, são imunes ao IPVA; enquanto prestam seus serviços típicos, são imunes ao ISS – e assim avante.

Remarcamos que a circunstância de estas pessoas terem personalidade de Direito Privado não impede recebam especial proteção tributária, justamente para que possam bem prestar os serviços públicos que lhes foram atribuídos.

Aprofundando estas idéias, é ponto bem averiguado que algumas atividades só podem ser exploradas pelo Estado, no Brasil representado pelas pessoas políticas (a União, os Estados-membros, os Municípios e o Distrito Federal). É que a Constituição entendeu que elas são tão essenciais, ou dizem tão de perto com a soberania nacional, que não convém naveguem ao sabor da livre concorrência.

De fato, embora entre nós vigore o *regime da livre iniciativa*, aos particulares – e, por extensão, às empresas privadas – não é dado imiscuir-se em determinados assuntos. Quais assuntos? Basicamente os adnumerados nos arts. 21, 25, 30 e 32 da CF, que tratam, respectivamente, das competências administrativas da União, dos Estados-membros, dos Municípios e do Distrito Federal.

Assim, *v.g.*, somente à União compete autorizar ou fiscalizar a produção e o comércio de material bélico (art. 21, VI, da CF), ou explorar os serviços de radiodifusão sonora e de sons e imagens (art. 21, XII, "a", da CF), ou, ainda, exercer a classificação, para efeito indicativo, de diversões públicas e de programas de rádio e televisão (art. 21, XVI, da CF); somente aos Estados-membros cabe explorar os serviços locais de gás canalizado (art. 25, § 2º, da CF); somente aos Municípios é permitido organizar e prestar os serviços públicos de interesse local (art. 30, V, da CF). Os exemplos poderiam ser multiplicados, que são legião.

Os particulares só ingressam no campo reservado aos serviços públicos quando contratados pelo Estado, segundo as fórmulas da concessão e da permissão. Mas, mesmo quando isto acontece, o Estado não se desonera do dever e da titularidade de supervisioná-los. Afinal, os serviços continuam sendo públicos. Não migram, por força da concessão ou da permissão, para as hostes do Direito Privado.

O que estamos querendo significar é que, do mesmo modo em que há um campo reservado à livre iniciativa (art. 170 da CF), há outro reservado à atuação estatal (art. 175 da CF).

Admite-se, porém, que o Estado intervenha no campo reservado à livre iniciativa – o que faz por intermédio de suas empresas públicas e de suas sociedades de economia mista. Todavia, quando isto acontece, deve submeter-se ao regime jurídico-tributário aplicável às empresas privadas, conforme estatui o já estudado art. 173, § 2º, da Carta Magna. É que aqui o Estado comparece na condição de agente empresarial, ou seja, explora diretamente atividade econômica, concorrendo com a iniciativa privada.

Sendo, porém, delegatárias de serviços públicos, as empresas públicas ou as sociedades de economia mista, por não concorrerem com as empresas privadas, não se submetem aos ditames do precitado art. 173.

De fato, é de nossa convicção que as sociedades mistas e as empresas públicas, enquanto delegatárias de serviços públicos, são *instrumentos* do Estado – e, neste sentido, a ele se equiparam. Por força de lei, atuam em setor próprio do Estado, desempenhando atividades que as empresas privadas jamais assumiriam, a não ser que por ele contratadas, sob a forma de concessão ou de permissão.[33]

Podemos proclamar, pois, que, neste caso, as sociedades de economia mista e as empresas públicas, pelas atribuições delegadas de Poder Público que exercitam, são, *tão-só quanto à forma*, pessoas de Direito Privado. *Quanto ao fundo*, são instrumentos

---

33. As empresas privadas que se engajam numa relação de concessão ou permissão de serviço público almejam, como é natural, a obtenção de lucro. A elas não se aplica, destarte, o *princípio da imunidade tributária recíproca*.

do Estado, para a prestação de serviços públicos. Na medida em que criadas pela lei,[34] com a específica finalidade de levá-los adiante, acabam fazendo as vezes das autarquias, embora – damo-nos pressa em proclamar – com elas não se confundam.

Neste sentido, enquanto atuam como se pessoas políticas fossem, as empresas públicas e as sociedades de economia mista não podem ter embaraçada ou anulada sua ação pública, por meio de impostos. Esta é a conseqüência de uma interpretação sistemática do art. 150, VI, "a", da CF.

Não se deve distinguir entre a empresa estatal e a pessoa política que a instituiu, mas, simplesmente, se a hipótese de incidência (fato gerador *in abstracto*) do imposto provém da prestação de serviços públicos, isto é, de atividades de competência governamental. Em caso afirmativo são alcançadas pelos benefícios do art. 150, VI, "a", da CF.

A nosso ver, o *princípio da imunidade recíproca* alcança as pessoas políticas (imunidade subjetiva) e os serviços de que são titulares (imunidade objetiva).

Leciona, a propósito, Ruy Cirne Lima: "E como administração se diz assim a atividade como o agente desta, também serviço público diz-se assim a prestação ao público, como a organização de bens e pessoas, constituída para executá-la".[35]

Daí a entidade delegatária que presta serviço público ser imune a impostos. Ou, se preferirmos, quando uma empresa governamental presta serviço público, por ter sido para isto criada por lei, a ela se aplica a regra geral da imunidade recíproca entre as pessoas políticas.

Em suma, as empresas públicas e as sociedades de economia mista, quando prepostas à atividade administrativa (*lato sensu*) – isto é, enquanto desempenham funções estatais –, não

---

34. A pessoa política delegante pode até extinguir (também por meio de lei) a empresa estatal delegatária, retirando-lhe a personalidade, o que não pode dar-se na concessão. Além de tudo, empresas estatais não podem ser concessionárias, como já decidiu o STF (RE 88.185). É que estas prestam serviços por força de disposição contratual, ao passo que aquelas, somente em razão de lei.

35. *Princípios de Direito Administrativo*, 5ª ed., São Paulo, Ed. RT, 1982, p. 83.

podem ser sujeitos passivos de impostos (federais, estaduais ou municipais).

II – Desenvolvendo um pouco melhor a idéia, temos por demonstrado que qualquer agir de uma empresa estatal é preordenado na lei autorizadora de sua criação e definidora das finalidades que deve perseguir e, na medida do possível, alcançar.

É o que, em última análise, vem proclamado no art. 37 e seu inciso XIX da CF, *verbis*: "Art. 37. A Administração Pública direta e indireta de qualquer dos Poderes da União, dos Estados, do Distrito Federal e dos Municípios obedecerá aos princípios de *legalidade*, impessoalidade, moralidade, publicidade e eficiência e, também, ao seguinte: (...) XIX – somente por lei específica poderá ser criada autarquia e autorizada a instituição de empresa pública, de sociedade de economia mista e de fundação, cabendo à lei complementar, neste último caso, definir as áreas de sua atuação" (grifamos).

Note-se que o Texto Constitucional, acolhendo lições da doutrina e da jurisprudência, não mais alude à criação da empresa pública, por meio de lei, mas, sim, à autorização legal para sua criação.

E, obviamente, tal autorização legal pressupõe a fixação dos objetivos a serem alcançados pela empresa pública, como bem destaca Maria Sylvia Zanella Di Pietro: "(...) a *vinculação aos fins definidos na lei instituidora* é traço comum a todas as entidades da Administração indireta e que diz respeito ao princípio da especialização e ao próprio princípio da legalidade; se a lei as criou, fixou-lhes determinado objetivo, destinou-lhes um patrimônio afetado a este objetivo, não pode a entidade, por sua própria vontade, usar esse patrimônio para atender a finalidade diversa".[36]

A estas oportunas observações permitimo-nos acrescentar que nem mesmo ao Poder Executivo é dado alterar, *sponte propria*, tais finalidades, sob pena de incidir em manifesta ilegalidade.

Nunca é demais lembrar que o Executivo só pode fazer o que a lei lhe determina (princípio da conformidade com as normas legais). Noutras palavras, o fim precípuo da Administração

---

36. *Direito Administrativo*, 5ª ed., São Paulo, Atlas, 1995, p. 333 (os grifos estão no original).

é agir *debaixo da lei*, cumprindo-a e fazendo com que seja bem cumprida.

Ao contrário dos particulares, para quem "tudo o que não está juridicamente proibido está juridicamente facultado" (Kelsen), o Poder Público só pode fazer o que a lei lhe ordena, conforme a parêmia *prohibita intelliguntur quod non permissum*.

III – Também quando se vêem judicialmente compelidas a pagar seus débitos, tais empresas estatais delegatárias de serviços públicos *não se sujeitam* – não, pelo menos, no que concerne à execução – às regras do Direito Privado, mas, sim, às do Direito Público.

De fato, qualquer processo de execução contra elas intentado só poderá prosperar na forma do art. 730 do CPC,[37] que, de sua feita, apóia-se no art. 100, §§ 1º a 6º, da CF.[38] Devem ser cita-

---

37. Código de Processo Civil: "Art. 730. Na execução por quantia certa contra a Fazenda Pública, citar-se-á a devedora para opor embargos em dez dias; se esta não os opuser, no prazo legal, observar-se-ão as seguintes regras: I – o juiz requisitará o pagamento por intermédio do presidente do tribunal competente; II – far-se-á o pagamento na ordem de apresentação do precatório e à conta do respectivo crédito".

38. Constituição Federal:
"Art. 100. À exceção dos créditos de natureza alimentícia, os pagamentos devidos pela Fazenda Federal, Estadual ou Municipal, em virtude de sentença judiciária, far-se-ão exclusivamente na ordem cronológica de apresentação dos precatórios e à conta dos créditos respectivos, proibida a designação de casos ou de pessoas nas dotações orçamentárias e nos créditos adicionais abertos para este fim.

"§ 1º. É obrigatória a inclusão, no orçamento das entidades de Direito Público, de verba necessária ao pagamento de seus débitos oriundos de sentenças transitadas em julgado, constantes de precatórios judiciários, apresentados até 1º de julho, fazendo-se o pagamento até o final do exercício seguinte, quando terão seus valores atualizados monetariamente.

"§ 1º-A. Os débitos de natureza alimentícia compreendem aqueles decorrentes de salários, vencimentos, proventos, pensões e suas complementações, benefícios previdenciários e indenizações por morte ou invalidez, fundadas na responsabilidade civil, em virtude de sentença transitada em julgado.

"§ 2º. As dotações orçamentárias e os créditos abertos serão consignados diretamente ao Poder Judiciário, cabendo ao presidente do tribunal que proferir a decisão exeqüenda determinar o pagamento segundo as possibilidades do depósito, e autorizar, a requerimento do credor, e exclusivamente para o caso de preterimento de seu direito de precedência, o seqüestro da quantia necessária à satisfação do débito.

das para, querendo, opor embargos, suprimindo-se o incidente da penhora. Se não forem interpostos no prazo legal, o Judiciário promoverá a expedição do precatório.[39]

Logo, é indispensável a expedição de precatórios nas execuções contra empresas públicas que exerçam atividades tipicamente estatais.

É que, sob a óptica do Direito, as empresas estatais delegatárias de serviços públicos são, dadas as funções que desempenham, equiparáveis à Fazenda Pública, inclusive e especialmente quando se vêem constrangidas, pelo Poder Judiciário, a adimplir suas dívidas.

Aprofundemos o assunto.

IIIa – É ponto pacífico que os bens públicos são indisponíveis, imprescritíveis e impenhoráveis. É que as pessoas que os detêm – ainda que na qualidade de delegatárias – não elegem livremente seus fins, mas, pelo contrário, estão submetidas ao regime administrativo, cumprindo, destarte, a *vontade da lei* (cf. Jean Rivero).

Outra não é a lição de Celso Antônio Bandeira de Mello: "*As pessoas administrativas não têm (...) disponibilidade sobre os interesses públicos confiados à sua guarda e realização*. Esta disponibilidade está permanentemente retida nas mãos do Estado (...) em sua

---

"§ 3º. O disposto no *caput* deste artigo, relativamente à expedição de precatórios, não se aplica aos pagamentos de obrigações definidas em lei como de pequeno valor que a Fazenda Federal, Estadual, Distrital ou Municipal deva fazer em virtude de sentença judicial transitada em julgado.

"§ 4º. São vedados a expedição de precatório complementar ou suplementar de valor pago, bem como fracionamento, repartição ou quebra do valor da execução, a fim de que seu pagamento não se faça, em parte, na forma estabelecida no § 3º deste artigo e, em parte, mediante expedição de precatório.

"§ 5º. A lei poderá fixar valores distintos para o fim previsto no § 3º deste artigo, segundo as diferentes capacidades das entidades de Direito Público.

"§ 6º. O presidente do tribunal competente que, por ato comissivo ou omissivo, retardar ou tentar frustrar a liquidação regular de precatório incorrerá em crime de responsabilidade."

39. O precatório é criação brasileira (Celso Agrícola Barbi) e visa a dar eficácia às condenações do Estado, nada obstante a inalienabilidade e impenhorabilidade dos bens públicos.

manifestação legislativa. Por isso a Administração e a pessoa administrativa, (...) têm caráter meramente instrumental".[40]

Também os bens de empresas públicas e de sociedades de economia mista, quando delegatárias de serviço público, são – porque afetados ao uso público – *bens públicos*. Noutras palavras, por tornarem possível a atividade administrativa, ganham o *status* de *bens públicos*. Vai daí que também eles são impenhoráveis, inalienáveis e imprescritíveis.

Remarque-se que a circunstância de estas pessoas terem personalidade de Direito Privado não impede recebam especial proteção para os serviços que prestam e para os bens que os tornam possíveis. Tais bens estão tão protegidos quanto os que pertencem ao próprio Estado.

Isto explica por quê os bens destas entidades não podem ser submetidos a penhora. De fato, estando vinculados ao desempenho de uma função pública, não podem receber o mesmo tratamento jurídico dispensado aos bens das empresas privadas e dos particulares. É o interesse público, em última análise, que sinaliza neste sentido, já que tais pessoas partilham da atividade administrativa do Estado.

Com estas assertivas, estamos querendo significar que o patrimônio das empresas públicas e das sociedades de economia mista, quando delegatárias de serviços públicos, é *patrimônio público*, assim devendo ser tratado.

Tal linha de raciocínio recebe o prestigioso abono de Ruy Cirne Lima, para quem o patrimônio administrativo alberga "todos os bens, pertençam a quem pertencerem, que participam da atividade administrativa e se acham, por isso mesmo, vinculados aos fins desta".[41] Estes bens, porque preordenados ao proveito da coletividade, não podem ser apreendidos e alienados.

Sobremais, o próprio *princípio da continuidade do serviço público* impede que os bens destas *empresas públicas* e *sociedades de economia mista* venham penhorados. Realmente, subtrair bens de tais entidades, fatalmente, pode levar à paralisação – quando

---

40. *Natureza e Regime Jurídico das Autarquias*, São Paulo, Ed. RT, 1968, p. 298 (os grifos são do autor).
41. *Princípios de Direito Administrativo*, 5ª ed., p. 76.

não à total cessação – do serviço público, fato que, absolutamente, nossa ordem jurídica não tolera.

Assim, diga-se de passagem, já se pronunciou o Pretório Excelso, ao decretar a impenhorabilidade de bens de empresa pública (justamente a *Empresa Brasileira de Correios e Telégrafos*) que presta serviço público.[42]

Em suma, os bens das empresas públicas e das sociedades de economia mista, quando delegatárias de serviços públicos, submetem-se ao regime de Direito Público próprio dos *bens públicos de uso especial*. São impenhoráveis.

Logo, estas pessoas, conquanto de Direito Privado, não podem sofrer a execução comum, já que esta rende ensejo à penhora. De revés, conforme adiantamos, só poderão ser executadas na forma do art. 730 do CPC, que busca supedâneo no art. 100 da CF.

Nota-se, pois, que a execução contra a Fazenda Pública pressupõe anterior decisão em *processo de conhecimento*, com ampla discussão do *mérito* da dívida. Melhor dizendo, contra a Fazenda Pública só é possível executar *decisão judicial* (*título executivo judicial*). São – tornamos a insistir – o art. 100 da CF e o art. 730 do CPC que implicitamente determinam que, sendo o devedor a Fazenda Pública, contra ela deve haver primeiro uma ação de conhecimento, e depois uma execução (com base na decisão judicial nela obtida), observada a ordem de apresentação dos precatórios.

Portanto, a Fazenda Pública não pode ser executada com base num *título executivo extrajudicial*, aí compreendida a *certidão da dívida ativa*.

Geraldo Ataliba, do alto de sua autoridade, demonstra por que motivo a cobrança de dívidas contra pessoas políticas ou a elas equiparadas não pode ser feita do mesmo modo que a cobrança de dívidas dos particulares. Com a palavra, novamente, o Mestre: "O processo de execução é diferente em atenção à qualidade de titulares de interesses indisponíveis que possuem as pessoas públicas, bem como em razão do regime especial de seus bens, garantia dos créditos de toda e qualquer pessoa. Se o patri-

---

42. 1ª T., RE 100.433-9-RJ, rel. Min. Sydney Sanches, j. 17.12.1984, v.u., *DJU* 8.3.1985 (*RT* 604/260).

mônio, como um todo, ou determinado bem, em especial – no caso de contrato entre pessoas privadas –, é a garantia de seus débitos, já o mesmo não se dá no que respeita às pessoas públicas. Estas têm no seu patrimônio instrumento de promoção de suas funções públicas e tarefas administrativas. Por isso os bens públicos não podem ser havidos como garantia de seus débitos".[43]

Todas estas considerações valem para as entidades estatais delegatárias de serviço público, ainda que assumam a forma de empresas públicas ou de sociedades de economia mista.

Nem se diga que tais pessoas, porque constituídas sob a modalidade de Direito Privado, não podem ser subsumidas ao conceito de *Fazenda Pública*. É que, como já se proclamou, pelo tipo de função que desempenham, adquirem as prerrogativas de entes públicos, sendo, pois, abrangidas pelos dispositivos acima citados.

Por aí percebemos que nem mesmo a pessoa política (União, Estado, Município ou Distrito Federal) pode constituir unilateralmente em dívida uma entidade estatal delegatária de serviço público. Noutro giro verbal, não lhe é dado extrair, contra ela, nenhuma certidão da dívida ativa (título executivo extrajudicial, a que alude o art. 585, VI, do CPC).

O interesse público que norteia o agir das empresas estatais delegatárias de serviços públicos impede venha derrogada a especial proteção que o Diploma Supremo dispensa ao patrimônio do Estado (*lato sensu*). Do contrário o serviço público que elas prestam poderia vir a sofrer interrupções ou, mesmo, cessar, em detrimento dos indisponíveis direitos da coletividade.

Em remate, inadmissível a possibilidade de penhora de seus bens, porque isto fatalmente levaria à aplicação de verbas em pagamentos não programados em seu orçamento – fenômeno que lhes acarretaria, com quase-certeza, o caos administrativo.

As empresas públicas e as sociedades de economia mista, quando delegatárias de serviço público, estão debaixo da *relação de administração* (Ruy Cirne Lima) – e, portanto, só podem agir nos limites e nos termos da lei. Mais: sendo prestadoras de serviços públicos, participam da atividade administrativa estatal.

43. *Empréstimos Públicos e seu Regime Jurídico*, São Paulo, Ed. RT, 1973, pp. 234-235.

Seus bens pertencem ao domínio público, vale dizer, integram o *patrimônio administrativo* do Estado – e, em conseqüência, não podem ser penhorados. O interesse público, que exige que seus serviços não sofram solução de continuidade, impede sejam alvo de execução comum (que – tornamos a insistir – gira em torno da penhora).

Assim, elas não podem ser compelidas a garantir o direito patrimonial de seus credores (por mais privilegiados que sejam) com a penhora de seus bens, mas, apenas e tão-somente, com a inclusão de verba prevista em seus orçamentos, que será paga observada a ordem de apresentação dos precatórios.

Ainda que condenadas por sentença judicial a pagar determinada dívida, estão submetidas – não porque *sociedades de economia mista* ou *empresas públicas*, mas porque *pessoas administrativas exercentes de funções públicas* – aos ditames do art. 100 da Lei Maior, explicitado pelo art. 730 do CPC.

Em suma, o pagamento coativo de seus credores deve ser feito por via de *precatório*, e não por meio de *depósito direto*, à disposição do juízo. Eventuais certidões da dívida ativa são inidôneas para garantir a execução contra estas pessoas administrativas.

Não devemos perder de vista que a norma insculpida no art. 100 da CF (*fundamento de validade* do art. 730 do CPC) objetiva viabilizar a submissão do Poder Público ao princípio que confere preferência jurídica a quem dispuser de precedência cronológica – nos termos, aliás, da vetusta parêmia *prius in tempore, potior in jure*.

Recordemos, demais disso, que este mesmo art. 100 determina uma forma específica de satisfação de crédito contra a Fazenda Pública, ou quem a ela estiver equiparado: o *precatório* – que, dando tempo para que o devedor organize suas finanças, garante a mantença do serviço público.

E, já que chegamos até aqui, calha afirmar que o precatório só é possível diante de decisão de segundo grau. Nunca de decisão monocrática, que, de resto, está submetida, quando desfavorável ao Poder Público, ao *duplo grau de jurisdição*. Por muito maior razão (argumento *a fortiori*), o precatório entremostra-se improsperável em execução provisória, prolatada antes da própria decisão de primeira instância.

6
Empresas Estatais. Novas Considerações

I – No mais das vezes, o próprio Estado (no Brasil representado, como vimos, pelas pessoas políticas) leva avante as atividades administrativas que lhe são constitucionalmente cometidas. Não raro, porém, tais atividades vêm desempenhadas – sob sua supervisão, controle e responsabilidade – por pessoas dele distintas, mas que podem ter sido por ele legislativamente criadas (autarquias, fundações públicas, empresas estatais etc.).

Para os fins desta manifestação opinativa interessam-nos, como vimos, as *empresas estatais*, que se subdividem em *empresas públicas* e *sociedades de economia mista*.

Ambas são pessoas jurídicas de Direito Privado, criadas por lei, como instrumento de ação do Estado. Apenas, as empresas públicas podem assumir quaisquer das formas admitidas em Direito e seu capital é formado unicamente por recursos públicos, ou seja, provenientes das próprias pessoas políticas ou da chamada *Administração indireta*. Já, as sociedades de economia mista são formadas com capitais governamentais e particulares e devem obrigatoriamente assumir a forma de sociedade anônima.[44]

II – Um ponto, porém, precisa ser destacado: a natureza de *empresa pública* ou de *sociedade de economia mista* – que vai marcar, inclusive, a competência para processar e julgar as causas

---

44. Cf. Celso Antônio Bandeira de Mello, *Curso de Direito Administrativo*, 17ª ed., São Paulo, Malheiros Editores, 2004, pp. 172-182.

em que forem interessadas[45] – é revelada pelo *regime jurídico*[46] a que uma e outra estão submetidas, e não pela designação recebida da lei que as instituiu.

Corretíssima, a respeito, a lição sempre lembrada de Pontes de Miranda: "Na exposição científica do Direito não podemos deixar que a terminologia perturbe o sistema jurídico ou a visão dele".[47]

As palavras e expressões são meros *rótulos* que utilizamos para designar as coisas e realidades que formam nosso Universo. Absolutamente não alteram a essência destas mesmas coisas e realidades.

Como preleciona Hospers,[48] qualquer palavra ou expressão é conveniente, na medida em que nos colocamos de acordo sobre ela e a usamos de maneira adequada. As palavras ou expressões manifestam somente o estabelecido, convencionalmente, pela linguagem comum ou científica, e não estão ligadas a exclusivas essências conceituais, determinadas como verdadeiras e únicas.

Transplantando estas idéias, apenas esboçadas, para o nosso campo, se uma estatal receber o *nomen iuris* de *sociedade de economia mista*, mas seus capitais constitutivos forem exclusivamente governamentais, ou o capital privado for insignificante ou, ainda, meramente simbólico, será verdadeira *empresa pública*, e como tal deverá ser tratada, inclusive para fins processuais.

Afinal, como averba o grande Agostinho Alvim, *os problemas da dogmática jurídica não podem ser resolvidos pela taxinomia*. Frase extremamente feliz, quer pela síntese, quer pelo rigor científico.[49] Não é a designação que revela a natureza dos institutos jurídicos.

45. Nos termos do art. 109, I, da Carta Magna, compete à Justiça Federal processar e julgar "as causas em que a União, entidade autárquica ou empresa pública federal forem interessadas na condição de autoras, rés, assistentes ou oponentes, exceto as de falência, as de acidentes de trabalho e as sujeitas à Justiça Eleitoral e à Justiça do Trabalho".
46. *Regime jurídico* é o conjunto de princípios e normas que incidem sobre um determinado objeto de Direito, moldando-lhe as feições.
47. *Tratado de Direito Privado*, t. 22, Rio de Janeiro, Borsói, 1958, p. 13.
48. *Introducción al Análisis Filosófico*, t. I, Buenos Aires, Abeledo-Perrot, 1966, p. 35.
49. De modo mais empírico, a sabedoria medieval já proclamava: *Barba non facit monachum* ("a barba não faz o monge").

III – Retomando o fio do raciocínio, quando prestam serviços públicos as empresas públicas e as sociedades de economia mista são submetidas ao *regime jurídico administrativo*, acompanhado das prerrogativas e sujeições que colocam a Administração Pública numa posição de preeminência em relação aos particulares. Absolutamente não se sujeitam às regras do art. 173 da CF, mas às de seu art. 175, que garante a continuidade do serviço público.

Em suma, a empresa estatal delegatária de serviço público juridicamente *é* Administração Pública, *faz* administração pública e *tem os atributos* (positivos ou negativos) da Administração Pública. Desfruta, pois, do *regime protetor* que a Constituição Federal reservou aos bens e dinheiros públicos.

Epítome

Em face do exposto, temos por incontroverso que:

I – O *princípio da imunidade recíproca* (art. 150, VI, "a", da CF) impede que as pessoas políticas se tributem umas às outras, por meio de impostos.

II – As empresas estatais (empresas públicas e sociedades de economia mista) subdividem-se em: a) exploradoras de atividades econômicas; e b) prestadoras de serviços públicos.

III – As primeiras submetem-se ao art. 173 da CF, que protege a livre iniciativa; as outras, ao art. 175 do mesmo Diploma Magno, que garante a continuidade dos serviços públicos.

IV – As empresas estatais prestadoras de serviços públicos, longe de poderem ser tratadas como meras concessionárias ou permissionárias, são *delegatárias* destes mesmos serviços públicos, e, assim, têm jus às prerrogativas, inclusive tributárias, das entidades políticas que as criaram.

V – Nesta linha, as empresas estatais prestadoras, como delegatárias, de serviços públicos foram juridicamente equiparadas às pessoas políticas, sendo, tanto quanto estas, imunes aos impostos, *ex vi* do art. 150, VI, "a", da CF.

VI – Empresas estatais prestadoras, como delegatárias, de serviços públicos (em oposição às exploradoras de atividades econômicas) são *pessoas administrativas*, e, bem por isso, desfrutam do *regime protetor* que a Constituição Federal reservou aos bens e dinheiros públicos. E:

VII – As pessoas administrativas, dadas as funções que desempenham, foram – máxime quando se vêem judicialmente compelidas a pagar seus débitos – equiparadas à Fazenda Pública, não se sujeitando, destarte, às regras do Direito Privado, mas às do Direito Público (art. 100 e §§ da CF e art. 730 do CPC).

Fixadas estas premissas, podemos – agora, sim – voltar nossas atenções para o caso concreto.

Segunda Parte
O Caso Concreto

8. Reequacionamento do problema e encaminhamento de sua solução. 9. A intributabilidade da Consulente por meio de imposto sobre a renda e de contribuição social sobre o lucro líquido. Sua tributabilidade por meio de COFINS e de contribuição para o PIS/PASEP. 10. A intributabilidade da Consulente por meio de IPTU. 11. A intributabilidade da Consulente por meio de ICMS (ICMS-operações mercantis; ICMS-transporte; ICMS-comunicação). 12. A intributabilidade da Consulente por meio de ISS. 13. A tributabilidade da Consulente por meio de taxas, inclusive a de localização e funcionamento. 14. Banco Postal. Sua tributabilidade, em princípio, por meio de ISS. 15. Serviços postais, serviços afins e outros prestados pela Consulente.

8
Reequacionamento do Problema e Encaminhamento de sua Solução

I – A Consulente é uma empresa estatal, criada por lei,[50] com o escopo de prestar os serviços postais a que alude o art. 21, X, da CF. Faz, neste particular, as vezes da União.[51] Integrante da Administração indireta, não explora atividade econômica, mas, apenas e tão-somente, presta, na condição de delegatária da União, o serviço postal *lato sensu*.

Ora, o serviço postal é, incontendivelmente, serviço público federal. A Constituição atribuiu-o à pessoa política *União* (cf. o art. 21, X, da Carta Magna[52]). A Consulente apenas teve delegado, pela lei, o encargo de levá-lo avante. Aliás, seus bens são federais, desincorporados do patrimônio da União e a ela afetados (cf. art. 6º do Decreto-lei 509/1969).

---

50. A Consulente foi criada pelo Decreto-lei 509, de 20.3.1969, que transformou o *Departamento dos Correios e Telégrafos – DCT* em empresa pública (seu capital, como estabelece o art. 6º deste ato normativo, foi constituído integralmente pela União Federal).

51. O serviço postal até março/1969 era prestado diretamente pela própria União, por intermédio de seu *Departamento dos Correios e Telégrafos – DCT*. O Decreto-lei 509, de 20.3.1969, transformou esse Departamento em "empresa pública, vinculada ao Ministério das Comunicações" (art. 1º), atribuindo-lhe competência para "executar e controlar, em regime de monopólio, os serviços postais em todo o território nacional" (art. 2º, I).

52. Constituição Federal: "Art. 21. Compete à União: (...) X – manter o serviço postal e o correio aéreo nacional". Estamos, pois, diante de um serviço público que pode ser prestado diretamente pela União ou, por sua conveniência, delegado a terceiros (no caso, à Consulente).

É, pois, *pessoa administrativa* – tanto quanto a União, os Estados, o Distrito Federal, os Municípios, as autarquias, as demais entidades estatais dedicadas ao serviço público e as fundações públicas –, delegatária de serviço público federal. Age em nome da União, por determinação de lei.

Frisamos que a circunstância de a Consulente prestar, por delegação, o serviço postal absolutamente não o desqualifica. E nem haveria de ser de outro modo, já que não é dado ao legislador ordinário alterar o regime jurídico que a Carta Suprema atribuiu a essa atividade.

Daí podermos, com toda segurança, proclamar que a Consulente é, por força de lei, delegatária do serviço postal, que continua sendo *serviço público federal*. Absolutamente não explora atividade econômica – e, assim, passa ao largo do art. 173 do Texto Supremo, para cair nas malhas do art. 175 do mesmo Diploma.

II – Muito bem, tratando-se de empresa estatal que presta serviço público, na condição de delegatária da União, a Consulente não pode ser executada segundo as regras do Direito Privado, mas apenas na forma do art. 730 do CPC, que deita raízes no art. 100 e §§ da CF.

É que, conforme tivemos a oportunidade de melhor demonstrar (v. *subitem 5-III*, supra), a Consulente, quando compelida judicialmente a honrar seus débitos, é, em tudo e por tudo, equiparável à Fazenda Pública. Ousamos dizer que, neste contexto, é a própria Fazenda Pública.

Sendo delegatária de serviço público federal (o serviço postal), seus bens integram o domínio público – circunstância que os torna indisponíveis, imprescritíveis e impenhoráveis.

Neste sentido, de resto, dispõe o art. 12 do Decreto-lei 509/1969, *verbis*: "Art. 12. A ECT gozará de isenção de direitos de importação de materiais e equipamentos destinados aos seus serviços, dos privilégios concedidos à Fazenda Pública, quer em relação à imunidade tributária, direta ou indireta, impenhorabilidade de seus bens, rendas e serviços, quer no concernente a foro, prazo e custas processuais".

De conseqüência, qualquer processo de execução por quantia certa intentado contra a Consulente rege-se, conforme prescreve o próprio Diploma Magno, por normas especiais, derrogatórias – a não ser em questões secundárias – da legislação processual comum. Está, pois, submetida ao *regime dos precatórios*, que regula os pagamentos da Fazenda Pública e pressupõe verba prevista e constituição prévia de orçamento.

Em suma, o pagamento coativo dos credores da Consulente há de ser feito por meio de *precatório*, e não de *depósito direto*, à disposição do juízo. Nesta linha de pensamento, será inválida eventual certidão da dívida ativa contra ela extraída.

Todas estas idéias – diga-se de passagem – foram encampadas pelo STF, *verbis*:

"*Ementa*: Recurso extraordinário – Constitucional – Empresa Brasileira de Correios e Telégrafos – Impenhorabilidade de seus bens, rendas e serviços – Recepção do art. 12 do Decreto-lei n. 509/1969 – Execução – Observância do regime de precatório – Aplicação do art. 100 da CF.

"1. À Empresa Brasileira de Correios e Telégrafos, pessoa jurídica equiparada à Fazenda Pública, é aplicável o privilégio da impenhorabilidade de seus bens, rendas e serviços – Recepção do art. 12 do Decreto-lei n. 509/1969 e não-incidência da restrição contida no art. 173, § 1º, da CF, que submete a empresa pública, a sociedade de economia mista e outras entidades que explorem atividade econômica ao regime próprio das empresas privadas, inclusive quanto às obrigações trabalhistas e tributárias.

"2. Empresa pública que não exerce atividade econômica e presta serviço público de competência da União Federal e por ela mantido – Execução – Observância do regime de precatório, sob pena de vulneração do disposto no art. 100 da CF.

"Recurso extraordinário conhecido e provido".[53]

III – É o caso, agora, de indagarmos: serão as atividades da Consulente verdadeiros serviços públicos, ou não passarão de meros serviços privados autorizados, em sua realização, pela Administração Pública Federal?

Após analisarmos a legislação e os atos administrativos pertinentes, não temos dúvidas em afirmar que os serviços co-

---

53. RE 220.906-9-DF, rel. Min. Maurício Corrêa, j. 16.11.2000, m.v.

metidos à Consulente envolvem típica atividade de natureza pública, que, delegada pela União, deve ser exercida sob o manto das regras e princípios de Direito Público.

De fato, as regras jurídicas que incidem sobre o assunto que ora faz nossos cuidados deixam antever que a atividade desenvolvida pela Consulente é estatal, ou seja, de titularidade do Poder Público – e que, portanto, deveria ser por ele exercida diretamente, no caso de omissão ou inexistência desta delegatária.

Reforçando a assertiva, a regulamentação existente – a começar pela própria Constituição Federal (art. 21, X) – admite a possibilidade de *execução direta* do serviço postal pela União, e, por conseguinte, formas de retomada do mesmo, em caso de prestação inadequada.

A exploração do serviço postal é, por determinação da Carta Suprema, um serviço público federal. Como propicia uma *comodidade* ou *utilidade* aos usuários, a Carta Magna estabelece, em seu art. 175, parágrafo único, III,[54] que ele será custeado por uma *política tarifária*, definida em lei.

Demais disso, parece-nos evidente que as regras que regem a prestação deste serviço são de Direito Público. O vínculo obrigacional existente entre a Consulente e o usuário tem a natureza de uma típica relação de Direito Público de prestação de serviços, em nada assimilável aos contratos regidos pelo Direito Privado.

A Consulente não age em nome próprio, pessoal, dentro de regras privadas livremente por ela definidas, em conjunto com o usuário com o qual se relaciona, em campo de pressuposta igualdade formal. Age, sim, em nome da União, fazendo-lhe as vezes e pautando sua conduta por um conjunto de privilégios decorrentes da incidência do *princípio da supremacia do interesse público sobre o interesse privado*.

Portanto, estamos diante de um verdadeiro serviço público federal, específico e divisível. Realmente, se a União o titulariza, se tem o dever constitucional e legal de prestá-lo a pessoas determinadas (*uti singuli*), se o regime a que se sujeita em sua prestação é o de Direito Público e se as condições para a transferência

---

54. Constituição Federal (art. 175): "Parágrafo único. A lei disporá sobre: (...) III – política tarifária; (...)".

de seu exercício são as juridicamente exigidas para a delegação de serviços públicos, segue-se que o serviço em foco é atividade material, de natureza pública, submetida às regras que esta condição lhe impõe.

Fica fácil percebermos, assim, que a comodidade ou utilidade propiciadas aos usuários pelos serviços prestados pela Consulente resultam diretamente do exercício de uma atividade estatal. Daí podermos concluir que tais serviços são incontendivelmente *públicos*, específicos e divisíveis, assim devendo ser tratados, inclusive para fins tributários, como veremos um pouco mais adiante.

IV – Acrescentamos que, enquanto delegatária do serviço público de exploração da infra-estrutura postal, de que é titular a União Federal, a Consulente, embora empresa estatal, é imune à tributação por meio de impostos, *ex vi* do art. 150, VI, "a", da CF.[55]

IVa – Abrindo um ligeiro parêntese, a condição de *delegatária* da Consulente é, a nosso sentir, incontroversa. Deveras, é a lei (e não um ato administrativo de concessão, precedido de procedimento licitatório) que lhe atribuiu a função de explorar o serviço postal, em nome e por conta da União Federal. Esta função foi-lhe imposta pela lei – e, nesta medida, não derivou de sua anuência ou, se preferirmos, de sua vontade. Sobremais, seu agir é diretamente tutelado pelo Poder Público, que por ele se responsabiliza integral e solidariamente. Como se isto não bastasse, a mola propulsora de sua atuação é a lei. Noutros falares, ela cumpre suas funções porque a lei assim o determina, e não porque remunerada por terceiros. E, finalmente, a delegação que recebeu da lei perdurará indefinidamente, vale dizer, até que uma eventual nova lei disponha em contrário.

Assim, a Consulente não pode ser submetida ao regime tributário aplicável aos meros concessionários ou permissionários de serviços públicos. Reiteramos que a ela se aplica o *princípio da imunidade recíproca*.

É que, enquanto delegatária do serviço público federal de exploração do serviço postal, age em nome e por conta da pes-

---

55. V., supra, *item 5*.

soa política *União*, da qual é a *extensão jurídica*, sendo irrelevante, para fins tributários, a circunstância de revestir a natureza de pessoa jurídica de Direito Privado.

Em suma, a Consulente, dada sua condição de delegatária de serviços públicos federais, é alcançada pela imunidade do art. 150, VI, "a", da CF. Pelo exercício de suas funções típicas não se sujeita ao imposto sobre a renda, à contribuição social sobre o lucro, ao imposto predial e territorial urbano, ao imposto sobre serviços etc.

Desenvolvamos estas idéias.

9
A Intributabilidade da Consulente por Meio de Imposto sobre a Renda e de Contribuição Social sobre o Lucro Líquido. Sua Tributabilidade por Meio de COFINS e de Contribuição para o PIS/PASEP

Segundo estamos convencidos, a Consulente, no exercício de suas funções típicas, está a salvo da tributação, quer por meio de *imposto sobre a renda da pessoa jurídica (IRPJ)*, quer de *contribuição social sobre o lucro (CSLL)*.

I – Por força do disposto no art. 153, III, da Lei Magna, a União tem competência para tributar, por meio de imposto, a *renda e os proventos de qualquer natureza*.

É o caso de indagarmos: que são "renda e proventos de qualquer natureza"?

"Renda e proventos de qualquer natureza" são disponibilidades de riqueza nova, vale dizer, acréscimos patrimoniais experimentados, pelo contribuinte, num dado período de tempo (em geral, um ano).

Ao contrário do que muitos supõem, o legislador federal não possui total liberdade para tratar do assunto. É que o conceito de "renda e proventos de qualquer natureza" há de necessariamente levar em conta a *capacidade contributiva* do sujeito passivo – se por mais não fosse, porque este é o princípio informador dos impostos (cf. art. 145, § 1º, primeira parte, da CF[56]).

---

56. Constituição Federal (art. 145): "§ 1º. Sempre que possível, os impostos terão caráter pessoal e serão graduados segundo a capacidade econômica do contribuinte, (...)".

Ora, o princípio da capacidade contributiva somente será prestigiado se o imposto em exame incidir sobre os *ganhos efetivos* havidos pelo contribuinte (pessoa física ou jurídica) durante certo lapso temporal. Nunca sobre o patrimônio, as indenizações recebidas, os *superávits* experimentados etc.

Portanto, a *hipótese de incidência possível* do imposto sobre a renda – inclusive das pessoas jurídicas (IRPJ) – é *auferir, durante um lapso de tempo, legislativamente determinado, riqueza nova*.

Já, a base de cálculo da exação é uma *medida* desta *riqueza nova*, como, de resto, acertadamente proclama o art. 44 do CTN ("A base de cálculo do imposto é o montante, real, arbitrado ou presumido, da renda ou dos proventos tributáveis").

Segue nesta trilha o art. 219 do Regulamento do Imposto sobre a Renda e Proventos de Qualquer Natureza (Decreto 3.000/1999), quando estipula que "a base de cálculo do imposto, determinada segundo a lei vigente na data de ocorrência do fato gerador, é o lucro real, presumido ou arbitrado, correspondente ao período de apuração".

Em suma, a *base de cálculo possível* do IR *é o montante da renda líquida efetivamente obtida, durante certo lapso de tempo* (em geral, o *exercício financeiro*). Se sua base de cálculo levar em conta elementos estranhos à *renda líquida* – que, no caso da pessoa jurídica, é designada *lucro* –, ocorrerá, por sem dúvida, a descaracterização do perfil constitucional do tributo.

Deixando de lado detalhes, que não vêm para aqui, *lucro* é o *resultado positivo* experimentado pela pessoa jurídica, num dado período de apuração, abatidos os valores empregados para obtê-lo. O lucro enseja um acréscimo na capacidade econômica do contribuinte – ou, se preferirmos, revela disponibilidade de riqueza nova.

Pois bem, como a Consulente, no exercício de suas funções típicas, não experimenta, juridicamente falando, *lucro* (mas apenas, como adiante veremos, *superávit*), escapa à tributação por meio de IRPJ.

Mas, ainda que assim não fosse – o que só admitimos por amor à controvérsia dialética –, sendo a Consulente imune a impostos, segue-se necessariamente que todas as suas rendas também o são, independentemente da rotulação ou origem que tiverem. Mesmo as rendas provenientes de atividades apartadas de suas finalidades essenciais são, em princípio, inalcançáveis pelo tributo em questão.

Nesse sentido, diga-se de passagem, dispõe (embora de modo um tanto quanto atécnico) o art. 12 do Decreto-lei 509/1969,[57] que goza de presunção de constitucionalidade, que só cederá passo diante de eventual (e improvável, já que dela não se cogita) decisão em contrário do STF.

II – No que concerne à *contribuição social sobre o lucro líquido* (CSLL), começamos por registrar que a Constituição Federal trata mais especificamente do assunto em seu art. 195, I, "c", *verbis*: "Art. 195. A Seguridade Social será financiada por toda a sociedade, de forma direta e indireta, nos termos da lei, mediante recursos provenientes dos orçamentos da União, dos Estados, do Distrito Federal e dos Municípios, *e das seguintes contribuições sociais*: I – do empregador, *da empresa* e da entidade a ela equiparada na forma da lei, *incidentes sobre*: (...) c) *o lucro*; (...)" (grifamos).

Portanto, uma das contribuições voltadas à mantença da Seguridade Social é, sem dúvida, a *contribuição social sobre o lucro líquido* (CSLL). Sua *regra-matriz constitucional* agrega, de modo indissociável, a idéia de *destinação*.[58] Queremos com tal assertiva sublinhar que, por imperativo da Lei Maior, os ingressos advindos da arrecadação desse tributo devem necessariamente destinar-se à Seguridade Social.

---

57. Decreto-lei 509/1969: "Art. 12. A ECT gozará de isenção de direitos de importação de materiais e equipamentos destinados aos seus serviços, dos privilégios concedidos à Fazenda Pública, quer em relação à imunidade tributária, direta ou indireta, impenhorabilidade de seus bens, rendas e serviços, quer no concernente a foro, prazos e custas processuais".
58. Assim, em relação à *CSLL* não vale a restrição contida no art. 167, IV, da CF, *verbis*: "São vedados: (...) IV – a vinculação de receita de impostos a órgão, fundo ou despesa, ressalvadas a repartição do produto da arrecadação dos impostos a que se referem os arts. 158 e 159, a destinação de recursos para as ações e serviços públicos de saúde, para manutenção e desenvolvimento do ensino e para realização de atividades da administração tributária, como determinado, respectivamente, pelos arts. 198, § 2º, 212 e 37, XXII, e a prestação de garantias às operações de crédito por antecipação de receita, previstas no art. 165, § 8º, bem como o disposto no § 4º deste artigo".

Tal *contribuição* – damo-nos pressa em escrever – foi instituída pela Lei 7.689, de 15.12.1988.

É interessante notar que tanto a CSLL quanto o IRPJ incidem sobre o mesmo fato: o *lucro* da pessoa jurídica.

Com efeito, o art. 2º da Lei 7.689/1988 declara que a base de cálculo desta *contribuição* é o "valor do resultado do exercício antes da provisão do imposto de renda". Esta frase, a nosso ver, há de ser entendida como sinônima de "lucro", até porque é justamente sobre ele que a Constituição autoriza a criação do tributo em tela. O que a diferencia do imposto sobre a renda é simplesmente a *finalidade* que deve perseguir – qual seja, o custeio da Seguridade Social.

Evidentemente, a base de cálculo da CSLL deverá ser apurada do mesmo modo que a do IRPJ. É o que de resto estabelece o art. 57 da Lei 8.981/1995: "Art. 57. Aplicam-se à Contribuição Social sobre o Lucro (Lei n. 7.689, de 1988) as mesmas normas de apuração e pagamento estabelecidas para o imposto de renda das pessoas jurídicas, mantidas a base de cálculo e as alíquotas previstas na legislação em vigor, com as alterações introduzidas por esta Lei".

O *quantum debeatur* da CSLL deverá corresponder, pois, a um percentual do *lucro* – como, aliás, estabeleceu a lei de regência.

Logo, as mesmas razões que nos levam a sustentar o descabimento de IRPJ sobre os valores recebidos pela Consulente, no exercício de suas funções típicas (v., supra, *n. I*), militam no sentido de que sobre eles também não incide a CSLL.

Colocando a idéia de outro modo, a Consulente, enquanto pratica atos típicos, não se sujeita à tributação por meio de CSLL, já que não aufere *lucro*.

III – Ao cabo destes considerandos, podemos asserir que sem a indispensável presença do *lucro não há a menor possibilidade de incidência* quer do *IRPJ*, quer da *CSLL*.

Ora, a Consulente nunca obtém lucro, até porque este não é o objetivo para o qual foi criada. Deveras, na condição de delegatária, visa a prestar, da melhor forma possível, o serviço postal. Se, no desempenho de suas funções públicas, logra obter resultados econômicos positivos, estes devem ser juridicamente qualificados não como lucro, mas como *superávit*.

Pois bem, quando experimenta *superávit* não pode ser validamente compelida a recolher nem o *IRPJ*, nem a *CSLL*.[59]

Mas, por que a Consulente não tem – nem pode vir a ter – lucro? Simplesmente porque o lucro é o escopo maior das empresas privadas. Às pessoas administrativas não é dado persegui-lo; muito menos alcançá-lo. A ocasional diferença, para mais, entre suas receitas e suas despesas é *superávit*.

Muito bem, é juridicamente impossível fazer incidir os tributos em estudo sobre o *superávit*. Ou, se preferirmos: o fato "obter *superávit*" não pode suscitar o nascimento seja do *IRPJ*, seja da *CSLL*. Vejamos.

IIIa – Absolutamente não se confundem o *excedente contábil* obtido no exercício de atividade pública e o experimentado no desempenho de atividade econômica capitalista.

Para começo de raciocínio, no caso das empresas capitalistas o excedente contábil é *lucro*, ao passo que nas pessoas administrativas é mero *superávit*.

O *superávit*, nos termos da Constituição e da lei, é *meio*, e não *fim*. Melhor esclarecendo, é o *meio* que trará, à pessoa administrativa, as receitas necessárias ao custeio das atividades públicas para as quais foi criada.

Nunca é demais lembrar que as pessoas administrativas – caso da Consulente – não são criadas para ter lucro,[60] mas para servir – vale dizer, para atingir, com a *máxima eficácia social possível* (Eros Roberto Grau), determinados objetivos que a ordem jurídica considera relevantes.[61]

Já, o excedente contábil das empresas privadas, no desempenho de suas atividades econômicas capitalistas, é – este, sim – *lucro*. Elas são preordenadas a obtê-lo[62] – o que, em nosso siste-

59. Daí podermos proclamar a nulidade do lançamento e dos conseqüentes atos e respectivos documentos, inclusive certidão de inscrição de dívida, para a cobrança de *IRPJ* e *CSLL* sobre os *superávits* que a Consulente vier a experimentar.
60. O lucro, portanto, *não é* o fim da atividade administrativa. O fim da atividade administrativa é satisfazer os interesses coletivos – que Renato Alessi, em lição sempre repetida, chama de "interesses públicos primários". Seguindo na trilha deste grande administrativista, o *superávit* insere-se no campo dos *interesses públicos secundários*.
61. *V.g.*, fornecer domiciliarmente água potável.
62. Modesto Carvalhosa, interpretando o art. 2º da Lei das Sociedades por Ações, observou que "(...) as companhias estatais visam ao interesse

ma econômico, é, com algumas limitações (determinadas pelos fins sociais que todas as empresas são constitucionalmente obrigadas a perseguir), normal e legítimo, como se depreende da análise dos arts. 5º, XIII, XXII e XXIII; 43, § 2º, II; 164, § 2º; 170 e ss.; e 192, § 2º, todos da CF.

Reforçando a tese: o excedente contábil – *causa* da atividade privada capitalista – não influi decisivamente na formação do ato administrativo, na prestação do serviço público, na realização da obra pública – no desempenho, enfim, da função administrativa. Pelo contrário, o móvel da função administrativa é a lei. Daí a célebre assertiva de Seabra Fagundes: "Administrar é aplicar a lei de ofício".

Sobremais, a tendência do *lucro* é ser distribuído entre os capitalistas, ao passo que o *superávit* sempre será reinvestido, para o melhor desempenho da função administrativa.

IIIb – Nada impede que a pessoa administrativa obtenha receitas positivas (*superávit*), exatamente para reinvesti-las na consecução de seus elevados objetivos. A existência de *superávit*, além de não-proibida, é sinal inequívoco de boa administração, devendo até ser estimulada. Afinal, auferindo receitas positivas e, em razão disso, fazendo crescer seu patrimônio, a pessoa administrativa disporá de maiores e melhores meios materiais para atingir seus fins.

A própria lei de elaboração orçamentária (Lei 4.320/1964), em diversas passagens (no art. 7º, § 1º; no art. 11, § 3º; e no art. 43, §§ 1º, I, e 2º), alude ao *superávit* e a seu antônimo, o *déficit*. Estes fenômenos são, pois, corriqueiros, deles já se tendo ocupado a literatura especializada e a jurisprudência.

O resultado financeiro da pessoa administrativa, traduzido num *superávit* ou num *déficit*, não pode ser juridicamente confundido com o *lucro* ou seu oposto, o *prejuízo*.

O lucro, diga-se de passagem, é incompatível com a própria função das pessoas administrativas, que, por injunção constitucional e legal, colimam a satisfação do interesse público, com a

público, *ao passo que as sociedades anônimas privadas, através dos mesmos meios empresariais, objetivam a maximização de lucros, num regime de livre concorrência*" (Comentários à Lei das Sociedades Anônimas, São Paulo, Saraiva, 1977, p. 14 – grifamos).

máxima eficácia social possível. A satisfação do interesse público é incompatível com o fito de lucro.

Assim, o balanço de uma pessoa administrativa pode até apresentar *superávit*; nunca, jamais, *lucro*.

A propósito, quando a CF, em seus arts. 172[63] e 173, § 4º,[64] menciona "lucros", ela o faz dentro do contexto das atividades econômicas empresariais. Uma interpretação sistemática destes dispositivos revela que só as empresas privadas podem obter *lucros*, já que sua finalidade é lucrativa.

As pessoas administrativas, pelo contrário, não atuam para ter lucro, isto é, não almejam proveitos econômicos. Antes, sua razão de ser é o atingimento dos objetivos públicos que as fizeram nascer. Se, na perseguição destes mesmos objetivos, circunstancialmente surgirem saldos econômicos apropriáveis (*superávits*), tanto melhor: disporão de mais meios para realizar suas atividades típicas.

O que estamos querendo significar é que as pessoas administrativas não obtêm lucros; podem, quando muito, alcançar saldos de caixa (*superávits*), que não revelam capacidade contributiva, mas se constituem em meros instrumentos para a melhor produção de utilidades públicas.

IIIc – Tudo isto nos reconduz à idéia inicial: por não obter *lucro* (na acepção jurídica do termo), a Consulente, mesmo quando, em decorrência da prestação dos serviços postais, experimenta *superávits*, não pode ser alvo de tributação por meio de *imposto sobre a renda da pessoa jurídica (IRPJ)* e de *contribuição social sobre o lucro (CSLL)*.

63. Constituição Federal: "Art. 172. A lei disciplinará, com base no interesse nacional, os investimentos de capital estrangeiro, incentivará os reinvestimentos e regulará a remessa de *lucros*" (grifamos).

64. Constituição Federal:

"Art. 173. Ressalvados os casos previstos nesta Constituição, a exploração direta de atividade econômica pelo Estado só será permitida quando necessária aos imperativos da segurança nacional ou a relevante interesse coletivo, conforme definidos em lei.

"(...).

"§ 4º. A lei reprimirá o abuso do poder econômico que vise à dominação dos mercados, à eliminação da concorrência e ao aumento arbitrário dos *lucros*" (grifamos).

IV – Entendemos, todavia, que a Consulente, no que concerne à *COFINS* e ao *PIS/PASEP*, continua sujeita às regras insculpidas na Medida Provisória 2.158-35, de 24.8.2001.

Recordamos que a contribuição para o PIS/PASEP foi criada pela Lei Complementar 7, de 7.9.1970, tendo por base de cálculo o *faturamento* (receita bruta) obtido pelas pessoas jurídicas (cf. art. 1º e seu § 1º da Lei 10.637/2002[65]).

Já, a COFINS foi instituída pela Lei Complementar 70, de 30.12.1991, incidindo "sobre o faturamento mensal, assim considerado a receita bruta das vendas de mercadorias, de mercadorias e serviços e de serviço de qualquer natureza" (art. 2º). A base de cálculo deste tributo também é o *faturamento* (mensal) do contribuinte, como reiteram o art. 1º e seu § 1º da Lei 10.833/2003.[66]

"Faturamento" é a expressão econômica de operações mercantis ou similares realizadas por empresas que, por imposição legal, sujeitam-se ao recolhimento do PIS/PASEP e da COFINS. Corresponde, em última análise, ao *somatório* dos valores das operações negociais realizadas pelo contribuinte. *Faturar*, em suma, é obter *receita bruta*, proveniente da venda de mercadorias ou, em alguns casos, da prestação de serviços.

Noutras palavras, *faturamento* é a contrapartida econômica auferida, como *riqueza própria*, pelas empresas em conseqüência do desempenho de suas atividades típicas.

Após o advento da Emenda Constitucional 20, 15.12.1998, houve uma ampliação das *bases de cálculo possíveis* das *contribuições sociais*, dentre as quais se inscrevem o PIS/PASEP e a COFINS.

---

65. Lei 10.637, de 30.12.2002:
"Art. 1º. A contribuição para o PIS/PASEP tem como fato gerador o faturamento mensal, assim entendido o total das receitas auferidas pela pessoa jurídica, independentemente de sua denominação ou classificação contábil.
"§ 1º. Para efeitos do disposto neste artigo, o total das receitas compreende a receita bruta da venda de bens e serviços, nas operações em conta própria ou alheia, e todas as demais receitas auferidas pela pessoa jurídica."
66. Lei 10.833, de 29.12.2003:
"Art. 1º. A Contribuição Para o Financiamento da Seguridade Social – COFINS, com incidência não-cumulativa, tem como fato gerador o faturamento mensal, assim entendido o total das receitas auferidas pela pessoa jurídica, independentemente de sua denominação ou classificação contábil.
"§ 1º. Para efeito do disposto neste artigo, o total das receitas compreende a receita bruta de venda de bens e serviços nas operações em conta própria ou alheia e todas as demais receitas auferidas pela pessoa jurídica."

Em que pese ao nosso entendimento – manifestado até em livro[67] – no sentido de que, neste ponto, a predita Emenda é inconstitucional, por malferir direitos fundamentais dos contribuintes, o fato é que tem prevalecido a idéia, inclusive em nossos Pretórios,[68] de que outras receitas, além do faturamento, estariam incluídas nas *bases de cálculo possíveis* das *contribuições sociais*.

Assim, deixando de lado aspectos meramente acadêmicos, convém nos curvemos, por motivos de ordem prática, ao pensamento predominante, qual seja, o de que, no que atina ao PIS/PASEP e à COFINS, compõem o *faturamento* das pessoas jurídicas quaisquer receitas por elas auferidas, na linha – frise-se – do art. 1º e seu § 1º da Lei 10.637/2002 (no caso do PIS) e do art. 1º e seu § 1º da Lei 10.833/2003 (no caso da COFINS).

Registramos, ainda, que, para os casos gerais, a alíquota da contribuição para o PIS/PASEP é de 1,65% (arts. 1º e 2º da Lei 10.637/2002) sobre o faturamento mensal; e a da *COFINS* é de 7,6% (arts. 1º e 2º da Lei 10.833/2003), sobre a mesma base de cálculo.

Todavia, no caso das pessoas jurídicas imunes a impostos (caso da Consulente) tais tributações ainda se desenvolvem sob a égide da legislação anterior, vale dizer, da Medida Provisória 2.158-35/2001 (*ex vi* do art. 8º, IV, da Lei 10.637/2002[69] e do art. 10, IV, da Lei 10.833/2003[70]) – ou seja, pagam os referidos tributos no chamado *sistema cumulativo*.

Portanto, no caso específico da Consulente, o *PIS/PASEP* e a *COFINS* devidos continuam sendo, respectivamente, de 0,65% e 3% sobre as receitas auferidas, não se sujeitando ao *sistema da não-cumulatividade*.

---

67. *Curso de Direito Constitucional Tributário*, 19ª ed., 3ª tir., pp. 537 e ss.

68. Dizia Shakespeare, no *Mercador de Veneza*, por meio da astuta personagem Shylock, que mais valia conhecer as opiniões do juiz, que o que se encontrava prescrito na lei.

69. Estabelece o art. 8º, IV, da Lei 10.637, de 30.12.2002: "Art. 8º. Permanecem sujeitas às normas da legislação da contribuição para o PIS/PASEP, vigentes anteriormente a esta Lei, não se aplicando as disposições dos arts. 1º a 6º: (...) IV – as pessoas jurídicas imunes a impostos".

70. Prescreve o art. 10, IV, da Lei 10.833/2003: "Art. 10. Permanecem sujeitas às normas da legislação da COFINS, vigentes anteriormente a esta Lei, não se lhes aplicando as disposições dos arts. 1º a 8º: (...) IV – as pessoas jurídicas imunes a impostos".

10
A Intributabilidade da Consulente por Meio de IPTU

Também não temos dúvidas em afirmar que a Consulente é imune à tributação por meio de *imposto predial e territorial urbano* (*IPTU*) enquanto proprietária, detentora do domínio útil ou possuidora de imóveis urbanos necessários ao desempenho de suas atividades típicas. Neste ponto, a ela se aplica, por inteiro, o *princípio da imunidade recíproca*, consagrado no art. 150, VI, "a", da CF.

Esta linha de raciocínio mereceu o endosso da mais alta Corte do País, no já mencionado julgamento do RE 407.099-5-RS.[71]

Estamos por igual modo convencidos de que a mesma imunidade faz-se sentir sobre os imóveis, de sua propriedade, que loca a terceiros, para atingir seus objetivos institucionais. O fundamental, no caso, é que as receitas obtidas se destinem ao custeio de suas atividades típicas.

Notamos que quando a Consulente loca imóveis de sua propriedade não há falar em *desvio de finalidade* se as receitas daí provenientes, formando reservas, virão facilitar o pleno atingimento de seus objetivos institucionais.

Lembramos, ainda, que para o reconhecimento da imunidade de pessoas administrativas, como a Consulente, não é necessário que as mesmas se abstenham de auferir saldos econômicos apropriáveis, inclusive resultantes da locação de imóveis, mas, apenas, que destinem os respectivos resultados ao custeio de suas funções institucionais. O fundamental – tornamos a insistir – é que tais saldos sejam utilizados como *meio* para o pleno atingimento de seus *fins públicos*.

71. V., supra, *subitem 4-III*.

11
A Intributabilidade da Consulente por Meio de ICMS (ICMS-Operações Mercantis; ICMS-Transporte; ICMS-Comunicação)

11.1 Breves considerações gerais. 11.2 A intributabilidade da Consulente por meio de imposto sobre operações mercantis (ICMS-operações mercantis). 11.3 A intributabilidade da Consulente por meio de ICMS-transporte e de ICMS-comunicação.

Estamos igualmente convencidos de que a Consulente, quando presta o serviço postal, é imune ao *ICMS*, em suas várias modalidades (*ICMS-operações mercantis; ICMS-transporte; ICMS-comunicação*).

É o que procuraremos demonstrar.

11.1 Breves considerações gerais

A CF, em seu art. 155, II, outorgou aos Estados-membros e ao Distrito Federal competência para criar impostos sobre "operações relativas à circulação de mercadorias e sobre prestações de serviços de transporte interestadual e intermunicipal e de comunicação, ainda que as operações e as prestações se iniciem no exterior". Estes impostos foram – todos eles – rotulados de "ICMS".

Em rigor, "ICMS" não passa de uma sigla, a hospedar, pelo menos, três impostos diferentes; a saber: a) o imposto sobre operações relativas à circulação de mercadorias; b) o imposto sobre prestações de serviços de transporte interestadual e intermunicipal; e c) *o imposto sobre prestações de serviços de comunicação*.[72] Dito de outro modo, há pelo menos três núcleos distintos de incidência do ICMS.

São impostos diferentes, justamente porque têm *hipóteses de incidência* e *bases de cálculo* diferentes. Com efeito, o que distingue um tributo do outro não é o nome que possui, nem a destinação do produto de sua arrecadação, mas sua *hipótese de incidência*, confirmada por sua *base de cálculo* (cf. art. 4º do CTN).

Esta fórmula de chamar tributos diferentes com o mesmo nome, além de não ser das mais louváveis, sob o aspecto científico, está, na prática, causando grandes confusões.

De fato, o legislador, nem sempre afeito à melhor técnica, está dispensando o mesmo tratamento jurídico aos diversos fatos econômicos que o ICMS pode alcançar.

De qualquer modo, estes ICMS possuem um *núcleo central comum*, devendo, todos eles, obedecer aos mesmos princípios constitucionais.

11.2 A intributabilidade da Consulente por meio de imposto sobre operações mercantis (ICMS-operações mercantis)

I – Ao iniciarmos a análise deste ICMS – o que faremos com as necessárias simplificações, para não perdermos de vista o objeto essencial da presente manifestação opinativa –, queremos deixar registrado que ele é, de todos os três anteriormente citados, o economicamente mais importante. É ele que envolve maiores quantias de dinheiro e – certamente por isso – aquele que, de longe, mais controvérsias suscita.

---

72. Embora, sob certo aspecto, ainda se possa dizer que há mais dois impostos chamados "ICMS" (o imposto sobre produção, importação, circulação, distribuição ou consumo de lubrificantes e combustíveis líquidos e gasosos *e* de energia elétrica, *e* o imposto sobre a extração, circulação, distribuição ou consumo de minerais), o fato é que estes podem ser reconduzidos ao que incide sobre operações relativas à circulação de mercadorias. Eles têm sido tratados à parte (nós mesmos fizemos isso, em nosso livro *ICMS*, 9ª ed., 2ª tir., São Paulo, Malheiros Editores, 2003), porque ambos descendem dos impostos únicos da Carta de 1967/1969, que eram de competência federal.

A *regra-matriz* do ICMS sobre as operações mercantis encontra-se nas seguintes partes do art. 155, II, da CF: "Compete aos Estados e ao Distrito Federal instituir impostos sobre: (...) II – operações relativas à circulação de mercadorias (...) ainda que as operações (...) se iniciem no exterior".

Este tributo, como vemos, incide sobre a *realização* de operações relativas à circulação de mercadorias. A lei que veicular sua *hipótese de incidência* só será válida se descrever uma operação relativa à circulação de mercadorias.

É bom esclarecermos, desde logo, que tal circulação só pode ser *jurídica* (e não meramente *física*). A circulação jurídica pressupõe a transferência (de uma pessoa para outra) da posse ou propriedade de mercadoria. Sem mudança da titularidade da mercadoria, em ordem a impulsioná-la rumo ao consumidor final, não há falar em tributação por meio de ICMS. Esta idéia, abonada pela melhor doutrina (Souto Maior Borges, Geraldo Ataliba, Paulo de Barros Carvalho, Cléber Giardino, José Eduardo Soares de Melo, Hugo de Brito Machado etc.), encontrou ressonância no próprio STF.[73]

Salientamos que a Constituição não prevê a tributação de mercadorias por meio de ICMS, mas, sim, a tributação das "operações relativas à circulação de mercadorias" – isto é, das operações que têm mercadorias por objeto. Os termos *circulação* e *mercadorias* qualificam as operações tributadas por via de ICMS. Não são todas as operações jurídicas que podem ser tributadas, mas apenas as relativas à circulação de mercadorias – vale dizer, aos negócios jurídicos mercantis. O ICMS só pode incidir sobre operações que conduzem mercadorias, mediante sucessivos contratos mercantis, dos produtores originários aos consumidores finais.

Para que um ato configure uma *operação mercantil*, é mister que: a) seja regido pelo Direito Comercial; b) tenha por finalidade o lucro; e c) tenha por objeto uma mercadoria.

II – Por outro lado, o imposto em tela incide sobre operações com mercadorias (e não sobre a simples circulação de mercadorias). Só a passagem de mercadorias de uma pessoa para

---

73. V. *RTJ* 64/538.

outra, por força da prática de um negócio jurídico, é que abre espaço à tributação por meio de ICMS.

Neste sentido, encampamos clássica lição de Geraldo Ataliba:

"A sua perfeita compreensão e a exegese dos textos normativos a ele referentes evidencia prontamente que toda a ênfase deve ser posta no termo 'operação' mais do que no termo 'circulação'. A incidência é sobre operações e não sobre o fenômeno da circulação.

"O fato gerador do tributo é a operação que causa a circulação e não esta."[74]

Tal operação é o *fato jurídico* que pode desencadear o efeito de fazer nascer a obrigação de pagar ICMS (venda, troca, consignação etc.).

Assim, este ICMS *deve ter* por *hipótese de incidência* a operação jurídica que, praticada por comerciante, industrial ou produtor, acarrete circulação de mercadoria[75] – isto é, a transmissão de sua

---

74. *Sistema Constitucional Tributário Brasileiro*, 1ª ed., São Paulo, Ed. RT, 1966, p. 246.

75. Observamos que, quando a Constituição se referiu a *mercadoria*, encampou um conceito que já estava perfeitamente desenhado pela lei comercial (que é uma lei de caráter nacional).

A ninguém deve causar estranheza que assim seja, pois, como lecionava o saudoso Gian Antonio Micheli – ex-Catedrático de Direito Tributário da Universidade de Roma –, o Direito Tributário é um *Direito de superposição*, isto é, que pode captar conceitos e assimilar institutos, tal como lhe são fornecidos por outros setores do mundo jurídico. Nesse sentido, aliás, o art. 110 do CTN.

Logo, mercadoria, para fins de tributação por via de ICMS, é o que a lei comercial considera mercadoria. Segue-se, daí, que não pode a lei dos Estados ou do Distrito Federal alterar este conceito, para fins tributários. Por quê? Porque esta é uma matéria de Direito Comercial, ou seja, *sob reserva de lei nacional* – e, destarte, modificável apenas por meio de lei ordinária do Congresso.

Temos, assim, que o conceito de *mercadoria*, no que diz com o ICMS, há de ser entendido como em Direito Comercial. E *mercadoria* – tornamos a repetir – é o bem móvel que se submete à mercancia, ou seja, que é colocado no mundo do comércio (*in commercium*), sendo submetido, pois, ao regime de Direito Mercantil, que se caracteriza, como corre magistério, pela autonomia das vontades e pela igualdade das partes contratantes. Tanto é mercadoria o gênero alimentício que é exposto à venda num supermercado, como a escultura que uma galeria de arte coloca em comércio, como, ainda,

titularidade. Só há falar em ICMS se comprovadamente houver uma operação mercantil, ou seja, um negócio jurídico que implique circulação de mercadoria.[76]

Seja-nos permitido ressaltar que não se enquadram no rol das operações mercantis – tributáveis, pois, por meio de ICMS – as atividades desprovidas de substância jurídica negocial (as transferências, as remessas para industrialização etc.), as prestações de serviços de qualquer natureza a que alude o art. 156, III, da CF e as prestações de serviços públicos (*v.g.*, os serviços de entrega da posta).

Impende referir que o tributo em pauta pertence à pessoa política (Estado ou Distrito Federal) onde a operação mercantil se realizou, ainda que o destinatário da mercadoria esteja localizado noutra unidade federativa.[77]

Obedecidos estes pressupostos constitucionais, aí, sim, tudo passa a gravitar em torno da imaginação do legislador ordinário competente (estadual ou distrital).

III – Podemos pois concluir, com apoio nas lições dos mais conspícuos tributaristas, que a materialidade (o núcleo) da *hipótese de incidência* do ICMS deve ser – porque assim o exige a Carta Constitucional – o ato de realizar operações (atos jurídicos) mercantis. O ICMS é, portanto, um tributo que incide sobre o negócio jurídico (realizado por comerciante, industrial, produtor ou assemelhados) ensejador da transferência de uma mercadoria. A matriz constitucional do ICMS determina que ele deve incidir sobre operações relativas à circulação de mercadorias (direitos sobre mercadorias) promovidas espontaneamente e por meio de negócios jurídicos mercantis, por produtores, industriais e comerciantes, ou por quem juridicamente lhes faça as vezes.

IV – Em razão do que acaba de ser exposto, não vemos dificuldade alguma em proclamar que a Consulente, enquanto rea-

---

o relógio que está à venda na relojoaria. *Mercadoria*, enfim, é a *coisa fungível* (que se pode substituir por outra que tenha as mesmas características e sirva para satisfazer as mesmas necessidades) que se destina ao comércio.

76. V. nosso *ICMS*, 9ª ed., 2ª tir., pp. 30 e ss.

77. A regra inverte-se quando a mercadoria provém do exterior. Nesta hipótese, conforme estatui o art. 155, § 2º, IX, "a", da CF, o ICMS caberá à unidade federativa onde estiver situado o estabelecimento do destinatário da mercadoria.

liza os serviços postais e afins, não realiza nenhuma operação mercantil. *Menos ainda quando vende selos, embalagens para o acondicionamento da correspondência, catálogos contendo os **códigos de endereçamento postal** em vigor, e outros papéis necessários à fruição do serviço público em tela.* Com efeito, em todos estes casos presta serviço público, regido pelo Direito Administrativo; jamais pratica negócios jurídicos regulados pelo Direito Comercial.

Ademais, a Consulente não transmite a titularidade de mercadorias. Pelo contrário, limita-se a entregar *objetos postais* (cartas, pacotes, telegramas etc.), sem se inteirar de seu conteúdo (a menos que o próprio usuário do serviço o divulgue, nos casos indicados na lei) e garantindo seja preservado o sigilo da correspondência, como manda a Constituição Federal.

O próprio valor dos *objetos postais* passa ao largo da Consulente, pois ela cobra por seus serviços (públicos), tendo em vista simplesmente o peso, a distância, o formato etc.;[78] não o custo dos bens que, em cumprimento a seus deveres constitucionais e legais, faz chegar, a bom recado, às mãos dos destinatários do serviço.

Tudo isto reforça nosso entendimento, acima exteriorizado, de que a Consulente não deve recolher, sobre suas atividades típicas, *ICMS-operações mercantis*.

11.3 A intributabilidade da Consulente por meio de ICMS-transporte e de ICMS-comunicação

I – A Constituição Federal prevê vários impostos sobre prestações de serviços; a saber: a) o *imposto sobre a prestação de serviços de transporte interestadual e intermunicipal* (*ICMS-transporte*); b) o *imposto sobre a prestação de serviços de comunicação* (*ICMS-comunicação*); e c) os *impostos sobre prestações de serviços de outras naturezas*, mais conhecidos como *impostos sobre serviços de qualquer natureza* (*ISS*). Os dois primeiros a Carta Magna reservou aos Estados-membros; os últimos, aos Municípios.

---

78. Mesmos nestes casos a Consulente pratica *valores subsidiados*, de modo a garantir que o maior número possível de pessoas tenha efetivo acesso ao serviço postal.

Ressaltamos, de logo, que as referidas pessoas políticas estão constitucionalmente credenciadas a tributar, por meio de impostos, *não propriamente* o transporte transmunicipal, a comunicação ou quaisquer outros serviços, *mas, sim,* as *prestações onerosas* destes serviços.

Queremos com tal assertiva significar que, em si mesmos considerados, o transporte transmunicipal, a comunicação ou qualquer outro serviço não fazem nascer qualquer dos tributos em tela.

Na realidade, o *ICMS-transporte*, o *ICMS-comunicação* e o *ISS* somente serão devidos quando, respectivamente, o transporte transmunicipal, a comunicação ou outro serviço qualquer resultarem – isto é, forem objeto – de contrato oneroso firmado entre um prestador e um tomador.[79]

Conforme corretamente aduz Edison Aurélio Corazza, "(...) somente a análise da contratação, *do querer do tomador e do prestador de serviços*, nos permite identificar quais dos diferentes impostos incidem sobre a prestação realizada ou a se realizar".[80]

E continua o agora Mestre em Direito Tributário, pela Pontifícia Universidade Católica de São Paulo: "O fato de haver transporte ou comunicação somente será determinante da incidência do imposto estadual se for objeto (fim, *telos*) do contrato, do negócio firmado entre tomador e prestador do serviço. Se a vontade dos contratantes for a de serviço diverso, ainda que exista transporte ou comunicação, a tributação possível será a do imposto municipal".[81]

Notamos, pois, ser necessária a detida análise do contrato de prestação de serviços para saber qual tributo será devido (se o *ICMS-transporte*; se o *ICMS-comunicação*; se o *ISS*; se nenhum deles). Os fatos físicos *transporte, comunicação, serviços de outra*

---

79. O *querer* ou, se preferirmos, a *vontade* do tomador (titular do direito de exigir o cumprimento da obrigação) e do prestador do serviço (o obrigado a fazer o que foi pactuado), manifestada no contrato oneroso entre eles firmado, é que identifica qual destes impostos vai incidir.
80. *ICMS sobre Prestações de Serviços de Comunicação*, dissertação de Mestrado apresentada no Programa de Pós-Graduação em Direito da PUC/SP, São Paulo, 2003, inédita, p. 29 (os grifos estão no original).
81. Edison Aurélio Corazza, idem, p. 30.

natureza são, de per si, irrelevantes para determinar a incidência ou a não-incidência de quaisquer destes impostos. É o fim (*telos*) pretendido pelas partes contratantes que reflete o próprio objeto do negócio jurídico – e, por via de conseqüência, que determinará, ou não, a incidência de um destes impostos.

II – Conforme acima adiantado, o ICMS incide também sobre as prestações de serviços de transporte interestadual e intermunicipal. É o *ICMS-transporte*.

Este ICMS encontra-se previsto nos seguintes trechos do precitado art. 155, II, da CF: "Compete aos Estados e ao Distrito Federal instituir impostos sobre: II – (...) prestações de serviços de transporte interestadual e intermunicipal (...) ainda que (...) as prestações se iniciem no exterior".[82]

Convém notar que o constituinte, outorgando aos Estados e ao Distrito Federal competência para tributar as prestações de serviços de transporte interestadual e intermunicipal,[83] excepcionou a regra geral que impede sejam estabelecidas "limitações ao tráfego de pessoas ou bens, por meio de tributos interestaduais ou intermunicipais" (art. 150, V, primeira parte, da CF).

Reiteramos que o ICMS não incide sobre o simples transporte interestadual ou intermunicipal, mas, sim, sobre *a prestação onerosa do serviço de transporte* interestadual ou intermunicipal, feita por qualquer meio (terrestre, aéreo, marítimo, lacustre, fluvial, hidroviário, ferroviário etc.).

Por outro lado, este ICMS abrange tanto o deslocamento de pessoas como o de "(...) qualquer objeto (sólido, líquido, gasoso

---

82. Este imposto, ora de competência dos Estados e do Distrito Federal, "descende", por assim dizer, do antigo *imposto federal sobre serviços de transporte (ISTR)*, salvo os estritamente municipais, que vinha previsto no art. 21, X, da Carta de 1967/1969 (acrescentado pela Emenda Constitucional 27, de 28.11.1985). Com o advento da Constituição de 1988 passou para a competência dos Estados e do Distrito Federal e também foi rotulado de "ICMS".

83. O constituinte, nesta passagem, foi tautológico, porquanto "transporte interestadual" é o mesmo que "transporte intermunicipal". Melhor teria andado acaso tivesse se limitado a aludir aos serviços de transporte intermunicipal. Cabe, aqui, a sempre lembrada observação de Jean Rivero, para quem o legislador pode dar-se ao luxo de cometer erros que reprovariam um estudante de Direito.

ou simplesmente de conteúdo de energia)".[84] Alcança, pois (ou pode alcançar), os serviços de transporte de passageiros, de cargas, de valores, de mercadorias etc., *bastando que sejam objeto de contratação autonomamente considerada*. Tal serviço de transporte pode ser prestado por qualquer tipo de veículo: automóvel, caminhonete, caminhão, barco, trem, oleoduto etc.

Anotamos, ainda, que os serviços de transporte interestadual ou intermunicipal aos quais faz menção o art. 155, II, da CF são os prestados em *regime de Direito Privado*, que não se confundem com aqueloutros ditos *serviços públicos*, submetidos, em sua prestação, a regime jurídico diverso, tanto que imunes aos impostos, por força do disposto no art. 150, VI, "a", da Lei Maior.

Diante disso, podemos dizer que a *hipótese de incidência possível* (*fato gerador "in abstracto"*) do ICMS em questão é a circunstância de uma pessoa prestar, a terceiro, um serviço de transporte interestadual ou intermunicipal, com conteúdo econômico, sob regime de Direito Privado (em caráter negocial, pois).

IIa – O serviço público de correio é imune à tributação por meio de impostos. Esta imunidade repercute também no transporte que a Consulente realiza para levar a cabo o serviço postal.

Trata-se de um típico caso de percussão da milenar regra *acessorium sequitur suum principale*.

Melhor explicitando, temos para nós que o transporte em tela é mera *atividade-meio*, necessária à concretização do serviço postal, devendo, por isso mesmo, receber o mesmo tratamento tributário a ele dispensado.

Em linguagem mais técnica, disponibilizar os meios e modos necessários à prestação do serviço de correio – que é o que faz a Consulente, enquanto transporta a correspondência e outros objetos – *não passa* de uma etapa deste processo.

O transporte que viabiliza a prestação do serviço postal é *etapa propedêutica*, que com ele se confunde, para fins de imunidade tributária.

Dada sua imprescindibilidade – já que, se nos for permitida a ousadia das imagens, a correspondência não "brota espontâ-

---

84. Pontes de Miranda, *Comentários à Constituição de 1967*, 2ª ed., 2ª tir., vol. II, São Paulo, Ed. RT, 1973, p. 484.

nea" no endereço do destinatário, nem a ele se dirige por conta própria –, esta *atividade-meio* não pode ser considerada em apartado. Noutras palavras, o ICMS não pode incidir sobre a etapa (transporte) necessária à prestação do serviço postal, sob pena de virem desvirtuados os propósitos do art. 150, VI, "a", da Carta Magna quando declara os serviços públicos imunes aos impostos.

Como facilmente podemos perceber, não estamos diante, aqui, do serviço de transporte transmunicipal, autonomamente considerado, mas de mero *transporte acessório* (auxiliar), que, possibilitando a prestação do serviço postal, deve receber o mesmo tratamento fiscal a ela reservado – vale dizer, a imunidade.

Em suma, o transporte realizado em vista da prestação do serviço postal não passa de *atividade-meio*, que, levando ao fim colimado, é absorvida pela imunidade.

IIb – Insistimos: o transporte, no território nacional, da correspondência, rumo ao destinatário, não passa de *condição* ao cabal implemento do serviço postal. Logo, não há falar em incidência de ICMS sobre tal atividade.

É equivocado desmembrar esta *atividade-meio*, necessária à prestação do serviço postal (*atividade-fim*), como se tipificasse serviço autônomo de transporte. Positivamente, tal *atividade-meio* não pode ser havida, em si mesma, como serviço de transporte interestadual ou intermunicipal.

Vai daí que o *ICMS-transporte* não pode incidir sobre esta etapa imprescindível à concretização do serviço postal.

III – O *ICMS-comunicação* incide sobre "prestações de serviços (...) de comunicação, ainda que (...) as prestações se iniciem no exterior", a teor do disposto no art. 155, II, da CF.

Explicitando o dispositivo constitucional, a Lei Complementar 87/1996 (*Lei Kandir*), em seu art. 2º, III, estabelece: "Art. 2º. O imposto *(ICMS)* incide sobre: (...) III – prestações onerosas de serviços de comunicação, por qualquer meio, inclusive a geração, a emissão, a recepção, a transmissão, a retransmissão, a repetição e a ampliação de comunicação de qualquer natureza" (esclarecemos no parêntese).

De idêntico teor, ao que saibamos, a legislação de praticamente todos os Estados-membros e do Distrito Federal.

Reiteramos que *este ICMS* não alcança a *comunicação*,[85] mas *a prestação* (onerosa) *de serviços de comunicação*. Deveras, a comunicação só ganha relevância jurídica, para fins de *ICMS*, quando decorre de um contrato de prestação de serviços.

A simples existência de comunicação não é suficiente para que o ICMS nasça. Tanto é assim, que um advogado, contratado para prestar seus serviços típicos (*v.g.*, para fazer uma sustentação oral perante um Tribunal Superior), por sem dúvida *comunica-se*, mas, não será tributado por meio de ICMS. Suportará, sim, o ISS, já que estará prestando um serviço de outra natureza – qual seja, o advocatício[86] –, embora não se negue que, para levá-lo a cabo, precisa necessariamente comunicar-se. É que o objeto do contrato que firmou com seu cliente (o tomador) não foi a prestação de um serviço de comunicação, mas a defesa, em juízo ou fora dele, de seus interesses. E isto nada obstante o serviço advocatício exigir, para ser prestado, o fato físico "comunicação". Observe-se que o próprio étimo da palavra "advogado" (de *advocatu*, "chamado para junto") revela que este profissional fala em nome de terceiro, ao qual acompanha – o que, por óbvio, implica comunicação. No entanto, a comunicação realizada

---

85. Os léxicos registram que "comunicação" é o ato de emitir e receber mensagens, pelos mais variados meios (palavras, sinais, imagens etc.). Assim, por exemplo, Laudelino Freire, em seu *Grande e Novíssimo Dicionário da Língua Portuguesa* (3ª ed., vol. II, Rio de Janeiro, Livraria José Olympio Editora, 1949), averba: "*Comunicação*, ou *Communicação*, s.f. Lat. *communicatio*; *communicationem*. Ação, efeito ou meio de comunicação. 2. Transmissão de uma ordem ou reclamação; aviso. 3. Participação, informação" (p. 1.943). No mesmo sentido, Caldas Aulete, em seu *Dicionário Contemporâneo da Língua Portuguesa* (4ª ed., vol. II, Rio de Janeiro, Editora Delta, 1958, p. 1.064), e Cândido de Figueiredo, em seu *Novo Dicionário da Língua Portuguesa* (5ª ed., vol. I, Lisboa, Livraria Bertrand, 1939, p. 617).

Recentemente, o *Dicionário Houaiss da Língua Portuguesa*, que já nasceu sob o signo da consagração, registrou: "*comunicação* (...) processo que envolve a transmissão e a recepção de mensagens entre uma fonte emissora e um destinatário receptor, no qual as informações transmitidas por intermédio de recursos físicos (fala, audição, visão etc.) ou de aparelhos ou dispositivos técnicos são codificadas na fonte e decodificadas no destino com o uso de sistemas convencionados de signos ou símbolos sonoros, escritos, iconográficos, gestuais etc." (1ª ed., Rio de Janeiro, Objetiva, 2001, p. 781).

86. A Lista de Serviços anexa à Lei Complementar 116, de 31.7.2003, em perfeita sintonia com o texto constitucional, estipula, no subitem 17.14, serem tributáveis por meio de ISS os serviços de Advocacia.

é simples *meio* de alcançar o *fim* do contrato celebrado com o cliente, qual seja, a prestação de serviços advocatícios – circunstância que nos reconduz à idéia de que o tributo devido, no caso, é mesmo o ISS.

Com este singelo exemplo fica mais do que evidenciado que a comunicação somente determinará a incidência do ICMS se for o *objeto* (o *fim*) do negócio jurídico firmado pelas partes, e não um mero meio de alcançá-lo.

Em suma, a simples *comunicação* não abre espaço jurídico ao ICMS.

Daí por que não há relevância, pelo menos no que concerne ao ICMS, em se saber a significação, técnica, vulgar ou figurada, do vocábulo "comunicação".

Tanto é assim, que se costuma dizer que "a vida é comunicação". Mas, daí a se concluir que o ato de viver enseja tributação por meio de ICMS vai uma distância intransponível.

Ainda dentro desse modo de pensar, o já citado *Dicionário Houaiss da Língua Portuguesa* indica-nos inúmeras acepções para o vocábulo "comunicação", que vão desde a simples conversação (João comunicava-se com Maria) até a *transmissão* (*transferência, passagem*) de algo: o movimento do eixo comunica-se ao das rodas; a tensão comunicou-se a toda a sala; o barbeiro pode comunicar a *doença de Chagas*; um breve corredor comunica as duas saletas; o ferro comunica a eletricidade; não se comunicam os débitos anteriores ao casamento; a canoa já vinha comunicando com a praia; resolveu comunicar, ainda em vida, o seu legado aos descendentes; comunicou o cargo de diretor ao seu principal rival; comunicou, ao seu irmão, a doença contagiosa.

Em todos estes casos existe *comunicação*, mas ela é tributariamente irrelevante – vale dizer, não determina o surgimento de obrigação tributária alguma, muito menos a de recolher ICMS.

Outras vezes a *comunicação* tem relevância jurídico-tributária, mas realiza o *fato imponível* de exações diversas do ICMS ora em estudo. Deveras, a comunicação (transmissão) onerosa de bens imóveis é o *fato imponível* do *ITBI* ("imposto sobre a transmissão *inter vivos*, a qualquer título, por ato oneroso, de bens imóveis, por natureza e acessão física, e de direitos reais sobre imóveis, exceto os de garantia, bem como cessão de direitos a sua aquisição", *ex vi* do art. 156, II, da CF); a comunicação (transmissão) gratuita de quaisquer bens ou direitos, o *fato imponível* do imposto sobre doação (art. 155, I, segunda parte, da CF); a comunicação (transmissão) *causa mortis* de quaisquer bens ou direitos, o *fato imponível* do imposto homônimo, este previsto no art. 155, I, primeira parte, da CF; a comunicação (transferência) da titularidade de uma mercadoria, o *fato imponível* do imposto sobre operações mercantis (art. 155, II, primeira parte, da CF).

Com tais exemplos queremos ressaltar que a comunicação, em si mesma considerada, é *neutra*, já que pode, ou não, fazer nascer tributos. E, mesmo quando os faz nascer, eles não consistem necessariamente no *ICMS-comunicação*.

Assim, por exclusão, o ICMS em pauta somente surge quando, em razão de um negócio jurídico, há comunicação no sentido de "transmissão de uma mensagem de uma pessoa a outra, que a compreende".[87] A comunicação envolve, pois, um *ato de conhecimento* e um *ato de consciência do outro*. Pressupõe a existência de um *emissor* (conhecedor e consciente do destinatário da mensagem) e de um *receptor* (certo, identificável e apto a figurar no pólo oposto do processo comunicacional).

Insistimos, porém, em que, para que haja ICMS a recolher, a comunicação deve resultar (ser o objeto) de um contrato oneroso de prestação de serviços.

IIIa – Temos, pois, que a *hipótese de incidência* (*fato gerador "in abstracto"*) *possível* do ICMS é prestar, a terceiros (um tomador e um receptor), em caráter negocial, serviços de comunicação.

A onerosidade, no caso, é essencial, já que qualquer imposto (e o ICMS é um imposto) só pode advir de fatos econômicos, ou seja, de fatos apreciáveis em pecúnia.[88]

87. Como observa Nicola Abbagnano, em seu famoso *Dicionário de Filosofia* (São Paulo, Martins Fontes, pp. 161-162), só pode haver comunicação entre pessoas que coexistam e se compreendam. Para este pensador a comunicação "nunca é automática e não pode subsistir entre os autômatos ou entre as peças de um autômato". Não existe comunicação, pois, entre homem e máquina, ou entre máquina e máquina. Uma máquina, como não tem vontade própria, é incapaz de pensar e, destarte, de gerar conhecimento. Eis por que é inapta a produzir ou receber comunicação.

88. Assim é por força do *princípio da capacidade contributiva*, veiculado no art. 145, § 1º, primeira parte, da CF ("Sempre que possível, os impostos

Portanto, o tributo em estudo nasce da circunstância de uma pessoa prestar, a terceiros, mediante contraprestação econômica, serviços de comunicação. Ou, se preferirmos: o *fato imponível* (*fato gerador* "*in concreto*") do ICMS ocorre quando duas pessoas, valendo-se *diretamente* do concurso, obtido em caráter negocial,[89] de um terceiro, passam a interagir, trocando mensagens.[90]

Reduzindo a idéia à sua dimensão mais simples, o *ICMS-comunicação* só nasce quando, em razão de um contrato oneroso de prestação de serviços, A (o prestador), valendo-se de meios materiais próprios ou alheios, intermedeia a comunicação entre B e C.

IIIb – Enfatizamos que o ICMS em tela não incide sobre a comunicação propriamente dita, mas apenas quando, em decorrência da execução de um contrato oneroso de prestação de serviços, firmado entre um prestador e um tomador, este último passa a comunicar-se com terceiro.[91]

Para tanto, há de ser instalada toda uma infra-estrutura mecânica, eletrônica e técnica (microfones, caixas de som, telefones, radiotransmissores, centrais, terminais, linhas de transmissão, satélites etc.), necessária à comunicação.

De fato, somos os primeiros a concordar que a prestação do serviço de comunicação tributável por meio de ICMS exige, preli-

terão caráter pessoal e serão graduados segundo a capacidade econômica do contribuinte,...").

89. Há de haver, portanto, um contrato oneroso (escrito ou verbal) estipulando o serviço que possibilitará a comunicação entre pelo menos duas pessoas (diversas do prestador).

90. Pelo menos para fins de ICMS, mensagem que não é captada e que não é passível de ensejar resposta, pelo mesmo meio, não é comunicação.

91. Assim, se a comunicação for feita pelo próprio prestador (transmissão de mensagem própria) não haverá incidência de ICMS, porque estará configurado um *auto-serviço*.

Refoge à tributação por meio de ICMS o auto-serviço de comunicação, isto é, o serviço de comunicação que a pessoa presta a si própria. Ou, se preferirmos: um serviço de comunicação, para tipificar o *fato imponível* do ICMS, só pode ser produzido para outrem.

É que não há, nos quadrantes do Direito, serviço para si próprio. De fato, o chamado "auto-serviço" encerra verdadeira *contradictio in terminis*. Juridicamente, a prestação de qualquer serviço só pode ser efetuada em proveito de terceiros; nunca em proveito próprio.

minarmente, a colocação, à disposição de seus destinatários, dos *meios* e *modos* necessários à transmissão e recepção de mensagens.

Não é isto, entretanto, que faz nascer o dever de recolher o *ICMS-comunicação*, mas a concreta (real, efetiva) prestação deste serviço.[92]

IIIc – Estamos sempre mais percebendo que o ICMS em estudo só pode incidir quando efetivamente ocorre a *prestação onerosa do serviço de comunicação*. E esta – seja-nos desculpada a tautologia – só se dá quando, estabelecida a *relação comunicativa*, há *efetiva* transmissão de idéias, pensamentos ou intenções entre duas pessoas, diversas do prestador.

O *fato imponível* do ICMS ocorre *não* no momento em que é celebrado o contrato de prestação onerosa do serviço de comunicação, *nem* quando são disponibilizados, ainda que em caráter negocial e por um terceiro, os meios mecânicos, eletrônicos e técnicos necessários à comunicação, *mas, sim*, quando vêm praticados os *atos de execução*, ou seja, quando se dá a *efetiva prestação* do serviço.

Logo, para que haja comunicação basta que existam dois sujeitos: o emissor e o receptor. Todavia, *para que haja prestação onerosa do serviço de comunicação* – esta (e só esta) tributável por meio de ICMS – é mister que ambos sejam postos em contato por um terceiro, que, mediante contraprestação econômica, utilizando-se de meios próprios ou alheios, permite-lhes troquem mensagens, passando a interatuar.[93]

IIId – O acima exposto confortavelmente nos permite ressaltar que o ICMS em tela incide – e só pode incidir – sobre as prestações de serviços de comunicação, e não de serviços postais.

De fato, estes serviços não se confundem. Não, pelo menos, juridicamente, em face do que prescrevem os arts. 21, X e XI, da CF, *verbis*: "Art. 21. Compete à União: (...) X – manter o serviço

---

92. O tributo em questão nasce sempre de um *fazer*, que se consubstancia num *prestar serviços de comunicação*. *Serviço*, nas hostes do Direito Tributário, é *cumprimento de obrigação de fazer*. O mesmo se dá no ICMS incidente sobre prestações onerosas de serviços de comunicação.

93. É preciso que o receptor tenha condições de ocupar a posição oposta, vale dizer, de dialogar com o emissor (que, assim, passará a ocupar a posição de receptor).

postal e o correio aéreo nacional; XI – explorar, diretamente ou mediante autorização, concessão ou permissão, os serviços de telecomunicações, nos termos da lei, que disporá sobre a organização dos serviços, a criação de um órgão regulador e outros aspectos institucionais; (...)".

A só leitura destes dispositivos constitucionais revela nitidamente que a Lei Maior não considera *de comunicação*[94] o serviço postal, embora em ambos estejam insertas mensagens.[95]

Reforçam tal entendimento os incisos IV e V do art. 22 da mesma Carta Suprema, *verbis*: "Art. 22. Compete privativamente à União legislar sobre: (...) IV – águas, energia, informática, telecomunicações e radiodifusão; V – serviço postal; (...)".

Também estes incisos revelam que serviço postal e serviço de comunicação são, pelo menos ao lume de nosso Direito Positivo, fenômenos distintos, não podendo ser equiparados. Muito menos para fins de tributação, sempre presidida pelo *princípio da tipicidade fechada*, que veda o emprego, na tributação, da analogia (art. 108, § 1º, do CTN[96]) e da discricionariedade (art. 142, parágrafo único, do CTN[97]).[98]

94. A telecomunicação é uma modalidade de comunicação. É, se quisermos, a comunicação efetuada por meio de aparatos técnicos – como, de resto, estipula o art. 60, § 1º, da Lei 9.472/1997 (*Lei Geral de Telecomunicações*), que a define como sendo "a transmissão, emissão ou recepção, por fio, radioeletricidade, meios ópticos ou qualquer outro processo eletromagnético, de símbolos, caracteres, sinais escritos, imagens, sons ou informações de qualquer natureza".

O serviço de telecomunicação, quando prestado a título oneroso, abre espaço, em tese, à tributação por meio de ICMS. São exemplos de prestações onerosas de serviços de telecomunicação os *serviços de videoconferência* e os *serviços de rede corporativa*.

95. Despiciendo se, para a Semiótica, os dois serviços se confundem. É que o Direito *cria* suas próprias realidades, e este distingue o serviço postal do de comunicação. Deste modo, não podem receber o mesmo tratamento jurídico, muito menos para fins de tributação por meio de ICMS.

96. Código Tributário Nacional (art. 108): "§ 1º. O emprego da analogia não poderá resultar na exigência de tributo não previsto em lei".

97. Código Tributário Nacional (art. 142): "Parágrafo único. A atividade administrativa de lançamento é vinculada e obrigatória, sob pena de responsabilidade funcional".

98. Melhor explicitando, a *segurança jurídica*, com o seu corolário de *proteção da confiança*, leva, em matéria tributária, ao *princípio da tipicidade*

Do nosso entendimento não discrepa Hugo de Brito Machado: "O conceito de comunicação, assim, não inclui a atividade considerada serviço postal, que pode ser entendida como o transporte de correspondência, nem aquela denominada radiodifusão. Não obstante os serviços postais, o transporte de correspondência e os de radiodifusão possam ser considerados de comunicação, em sentido amplo, a referência específica àqueles, ao lado da referência a telecomunicações, em normas da Constituição, mostra que o constituinte fez uma distinção, no texto da Lei Maior, entre uns e outros, não considerando o serviço postal, nem o de radiodifusão, como espécies de serviços de comunicação, ou de telecomunicação".[99]

Permitimo-nos acrescentar que, uma vez entregue a correspondência, o serviço postal se completa, ainda que o destinatário da mensagem nem sequer a leia, vale dizer, dela não tome conhecimento. Mais um motivo para que venha apartado do serviço de comunicação.

Muito bem: o ICMS incide sobre prestações de serviços de comunicação. Ora, o serviço postal não tipifica serviço de comunicação, já que a Carta Suprema – como vimos acima – houve por bem distingui-los. Logo, a Consulente, enquanto o presta, não pode ser compelida, nem mesmo em tese, a recolher o tributo em tela.

O que acaba de ser escrito vale também para a prestação do serviço de telegrama (que a Consulente está, a nosso ver, recolhendo indevidamente), típico serviço postal, e não de comunicação. Também neste caso não há incidência possível de *ICMS-comunicação*.

---

fechada, com a correspondente proibição do emprego da analogia e da discricionariedade fazendária.
99. *Aspectos Fundamentais do ICMS*, São Paulo, Dialética, 1997, pp. 37-38.

12
A Intributabilidade da Consulente por Meio de ISS

12.1 Os "serviços definidos em lei complementar". 12.2 Da impossibilidade de a Consulente ser alcançada pelo ISS, enquanto presta serviços postais. 12.3 Medidas judiciais que podem vir a ser tomadas pela Consulente: 12.3.1 Do cabimento de ação direta de inconstitucionalidade – 12.3.2 Do cabimento de mandado de segurança – 12.3.3 Do cabimento de ação declaratória: 12.3.3-A Da possibilidade de antecipação de tutela no caso em consulta.

Parece-nos solarmente claro, também, que a Consulente, enquanto desempenha suas atividades típicas, não se sujeita ao *imposto sobre serviços de qualquer natureza (ISS)*.

Vejamos.

I – A *regra-matriz* do ISS encontra-se desenhada, com retoques à perfeição, no art. 156, III, da CF, *verbis*: "Art. 156. Compete aos Municípios instituir impostos sobre: (...) III – serviços de qualquer natureza, não compreendidos no art. 155, II, definidos em lei complementar".

Estamos percebendo que o ISS é um imposto de competência municipal. Mais: que ele incide sobre serviços de qualquer natureza, exceto os de transporte intermunicipal e de comunicação, que, compreendidos no art. 155, II, da CF, são tributáveis pelos Estados-membros, por meio de ICMS.

Na realidade, o ISS não alcança simplesmente os serviços de qualquer natureza, mas as *prestações onerosas de serviços de qualquer natureza*. Os serviços de qualquer natureza só ganham relevância jurídica, para fins de ISS, quando decorrem de contratos onerosos de prestação de serviços.

Em linguagem mais técnica, a *hipótese de incidência possível* – nos termos da Constituição Federal – do ISS é prestar, a terceiros, em caráter negocial, serviços de qualquer natureza. A onerosidade, no caso, é essencial, já que qualquer imposto (e o ISS é um imposto) só pode nascer de fatos econômicos, vale dizer, apreciáveis em pecúnia.[100]

Portanto, o tributo ora em estudo surge do fato de uma pessoa prestar, a terceiro, mediante contraprestação econômica, serviços de qualquer natureza.

Mas não apenas isto: como leciona Elizabeth Nazar Carrazza,[101] os serviços alcançáveis pelo ISS são só os prestados *sob regime de Direito Privado*. O ISS, para nascer *in concreto*, depende, pois, da existência de um serviço, prestado com autonomia e fito de lucro.

Tal também o entendimento de José Eduardo Soares de Melo, *verbis*: "O cerne de materialidade da hipótese de incidência do imposto em comento *(o ISS)* não se circunscreve a 'serviço', mas a uma 'prestação de serviço', compreendendo um negócio (jurídico) pertinente a uma obrigação de 'fazer', de conformidade com os postulados e diretrizes do direito privado".[102]

Logo, o serviço sobre o qual pode incidir o *ISS* é o colocado *in commercium* (no mundo dos negócios), sendo submetido, em sua prestação, ao regime de Direito Privado, que se caracteriza pela autonomia das vontades e pela igualdade das partes contratantes.

II – Esta idéia é suficientemente lata, de modo a albergar toda e qualquer prestação de utilidade, assim material (*v.g.*, uma obra de engenharia) que imaterial (por exemplo, os serviços prestados por profissionais liberais *stricto sensu*), que não tipifique *serviço público*.

---

100. Esta é uma conseqüência inafastável do princípio da capacidade contributiva.
101. *O ISS na Constituição*, dissertação de Mestrado, inédita, apresentada na PUC/SP em 1976.
102. *Aspectos Teóricos e Práticos do ISS*, São Paulo, Dialética, 2000, p. 29 (esclarecemos no primeiro parêntese).

De fato, o serviço público – isto é, *a prestação de utilidade material, fruível individualmente, sob regime de direito público*[103] – escapa ao ISS, nos expressos termos do art. 150, VI, "a", da CF.[104]

Este dispositivo veda que os serviços da alçada do Poder Público (serviços públicos) abram espaço à tributação por meio de *impostos*. O interesse público, no caso, sobrepaira o direito que o Município tem de realizar receitas. Por isso, o serviço público não integra o campo dos serviços tributáveis.

Detalhando o assunto, Aires Fernandino Barreto averba:

"Será, pois, logicamente aberrante (e inconstitucional) a previsão de 'imposto' recaindo sobre o patrimônio, as rendas e os serviços das pessoas públicas – por isso, inclusive, referidos pela regra imunitária do art. 150, VI, 'a', da CF.

"(...).

"*Disso resulta evidente e manifesto que a prestação de serviços públicos – típica e ontológica atividade estatal que é – não pode consistir em hipótese de incidência de imposto; de nenhum imposto, inclusive do imposto sobre serviços.*"[105]

Ademais, os impostos – aí compreendido o ISS – só podem tomar por base de cálculo o valor de fatos regidos pelo Direito Privado; jamais – sob pena de irremissível inconstitucionalidade – o valor de atuações estatais (*v.g.*, o serviço público postal).

Seja-nos, neste passo, permitido insistir que os serviços públicos são imunes aos impostos, quer enquanto prestados pelas

---

103. Este conceito de *serviço público* deita raízes nas clássicas lições de Celso Antônio Bandeira de Mello, *verbis*: "Serviço público é toda atividade de oferecimento de utilidade ou comodidade material fruível diretamente pelos administrados, prestada pelo Estado ou por quem lhe faça as vezes, sob um regime de Direito Público – portanto consagrador de prerrogativas de supremacia e de restrições especiais – instituído pelo Estado em favor dos interesses que houver definido como próprios no sistema normativo" (*Prestação de Serviços Públicos e Administração Indireta*, São Paulo, Ed. RT, 1973, p. 1).

104. Constituição Federal: "Art. 150. Sem prejuízo de outras garantias asseguradas ao contribuinte, é vedado à União, aos Estados, ao Distrito Federal e aos Municípios: (...) VI – instituir impostos sobre: a) patrimônio, renda ou serviços, uns dos outros; (...)".

105. *ISS na Constituição e na Lei*, São Paulo, Dialética, 2003, p. 61 (grifamos).

pessoas políticas que têm competência administrativa para tanto, quer por empresas estatais delegatárias (caso da Consulente).

III – Temos por demonstrado, pois, que, nos termos da Constituição, a *hipótese de incidência*[106] do ISS *só pode ser* a prestação, a terceiro, de uma utilidade (material ou imaterial), com conteúdo econômico, sob regime de Direito Privado, mas não trabalhista.

Atentemos, agora, para a parte final do art. 156, III, da CF ("definidos em lei complementar").

12.1 Os "serviços definidos em lei complementar"

I – Sem embargo de nossa opinião em contrário, tem prevalecido o entendimento de que cabe à lei complementar apontar quais serviços podem ser tributados, pelos Municípios, por meio de ISS e – por exclusão – quais os que escapam à incidência deste tributo.

---

106. *Hipótese de incidência* é o fato, descrito em lei, que, acontecido, faz nascer a relação jurídica tributária, que tem por objeto a *dívida tributária*. Ou, se preferirmos, invocando as lições sempre preciosas de Geraldo Ataliba, é o fato, descrito em lei, que, se e quando acontecido, faz nascer, para uma dada pessoa, o dever de pagar o tributo.

Não devemos confundir este fato, descrito em lei, e por ela alçado à condição de *hipótese* ou *suposto*, com a *ocorrência real* deste fato. Noutros termos, mais técnicos, não devemos confundir a *hipótese de incidência tributária* (*fato gerador "in abstracto" do tributo*) com o *fato imponível do tributo* (*fato gerador "in concreto" do tributo*).

Esta, diga-se de passagem, é distinção conceitual que a melhor doutrina vem fazendo com clareza. Deveras, uma realidade é o fato descrito em lei, que, acontecido, faz nascer o tributo (a *hipótese de incidência*); e, outra, muito diversa, é o *fato que aconteceu*, isto é, que realizou o *tipo tributário* e, por isso mesmo, determinou o surgimento, *in concreto*, da exação (o *fato imponível*). Estamos, neste passo, diante de dois planos distintos e, por isso mesmo, inconfundíveis: o primeiro, *abstrato*, *normativo*; o outro, *concreto*, *fático*. A *hipótese de incidência* está na lei; o *fato imponível*, no mundo fenomênico.

O tributo só pode ser validamente exigido quando um fato ajusta-se rigorosamente a uma hipótese de incidência tributária. E este fato outro não é senão o *fato imponível*. Vale, a propósito, a clássica asserção de Albert Hensel: "Só deves pagar tributo se realizas o fato imponível" (*Diritto Tributario*, trad. de Dino Jarach, Milano, Dott. A. Giuffrè Editore, 1956, p. 148. Literalmente, a frase é: "Il comando – tu devi pagare delle imposte – è sempre condizionato dalla frase: se tu realizzi la fattispecie legale").

Noutras palavras, a doutrina tradicional[107] sustenta que a *Lista de Serviços* é *taxativa*, de tal sorte que só quem presta os serviços nela referidos pode ser alcançado pelo ISS.

Com supedâneo nesta diretriz – que não discutiremos[108] –, a Lei Complementar 116/2003[109] veicula uma *Lista de Serviços* tri-

107. Lidera esta corrente o inolvidável mestre Aliomar Baleeiro, cujas lições, sobre este assunto, encontram-se magnificamente bem expostas em seu clássico *Direito Tributário Brasileiro* (11ª ed., Rio de Janeiro, Forense, 1999, pp. 500-501).
108. A nosso ver, uma interpretação sistemática do art. 156, III, *in fine*, da CF revela que não cabe à lei complementar apontar quais serviços podem ser tributados pelos Municípios.

Com efeito, se os Municípios desfrutam de ampla autonomia, e se tal autonomia é assegurada principalmente com a decretação e arrecadação dos tributos de sua competência (art. 30, III, da CF), indisputável que o campo de incidência do ISS não pode ser alterado por uma lei complementar. Do contrário, estaríamos aceitando, ao arrepio do *princípio da autonomia municipal*, que é o Congresso Nacional, por meio de lei complementar, que confere aos Municípios competências para que tributem os serviços de qualquer natureza.

Na verdade, estamos convencidos de que a lei complementar referida no art. 156, III, da CF só pode veicular *normas gerais em matéria de legislação tributária*. Assim, deve ater-se a dispor sobre conflitos de competência entre o ISS e outros tributos federais, estaduais ou municipais e a regular as limitações constitucionais ao exercício da competência para tributar por meio de ISS. Afora isso, segundo pensamos, tal lei complementar nada pode fazer.

Percebemos, pois, que ao legislador complementar não é dado determinar quais serviços o Município pode e, em contrapartida, quais serviços o Município não pode tributar, por via de ISS.

Apesar de tudo, a Lei Complementar 116/2003 – mantendo a tradição inaugurada pelo Decreto-lei 406/1968 e mantida pelo Decreto-lei 834/1969, pela Lei Complementar 56/1987 e pela Lei Complementar 100/1999 – veiculou uma *Lista de Serviços* tributáveis pelos Municípios.

Estamos convencidos de que tal *Lista* não pode ser taxativa, sob pena de termos de aceitar que a União, querendo, pode esvaziar a competência que os Municípios receberam, da Carta Constitucional, para tributar, por via de imposto, os serviços de qualquer natureza.

Deveras, fosse taxativa a *Lista*, que hoje contém 40 itens, subdivididos em vários subitens, arrolando mais de 500 serviços tributáveis pelos Municípios, nada impediria, em tese, que, amanhã, por força da edição de novas leis complementares, viesse a reduzi-los para 50, 30, 20, 10 ou 5. Ainda em tese, nada impediria fosse pura e simplesmente revogada. Muito bem: que aconteceria, nesta *situação-limite*? Uma lei complementar (norma infraconstitucional) paralisaria a eficácia de uma *norma constitucional de eficácia plena*, subvertendo o sistema constitucional tributário, já que, por via reflexa (ou

butáveis pelos Municípios. Sob esta óptica, somente a pessoa que vier a prestar um dos serviços nela expressamente referidos poderá ser alcançada pelo ISS.

Dito de outro modo, a maioria dos doutrinadores aceita que a *Lista* encerra um *numerus clausus*, de tal sorte que prestações que tipificam serviços podem perfeitamente nela não estar incluídas, inibindo, destarte, a competência tributária dos Municípios. Portanto, para os adeptos desta corrente o Município não pode, nem mesmo por meio de lei, ampliar o rol de serviços constantes da *Lista*.

Tal linha de pensamento tem encontrado acústica em nossos Tribunais, sendo mansa, pacífica e remansosa no Pretório Excelso.[110]

seja, pelo esvaziamento de uma competência impositiva), desconsideraria o magno *princípio da autonomia municipal*.

Terá, então, a *Lista de Serviços* caráter exemplificativo? Pensamos que também não, porquanto muitos dos "serviços" nela contidos simplesmente não são serviços de qualquer natureza. É o caso da "cessão de direito de uso de marcas e de sinais de propaganda" (subitem 3.02), típica cessão de direitos – e, nesta medida, intributável por meio de ISS. A única pessoa política que eventualmente poderia tributar, por meio de imposto, a cessão de direitos seria a União, com base em sua competência residual (art. 154, I, da CF).

Portanto, a *Lista de Serviços*, segundo estamos convencidos, não é nem taxativa, nem exemplificativa, mas, meramente *sugestiva*. Contém sugestões que, *desde que constitucionais*, poderão ser levadas em conta pelo legislador municipal, ao instituir, *in abstracto*, o ISS. Prestações de serviços não mencionadas na referida *Lista*, desde que, evidentemente, tipifiquem verdadeiras prestações de serviços, poderão ser alvo de tributação municipal (se, é claro, o Município legislar neste sentido).

Feito o registro, no entanto, vamos aceitar que a *Lista de Serviços* é *taxativa*, porque nossa posição, flagrantemente minoritária, não encontra guarida em nossos Tribunais.

109. Nos termos de seu art. 10, a Lei Complementar 116/2003 revogou "os arts. 8º, 10, 11 e 12 do Decreto-lei n. 40, de 31 de dezembro de 1968; os incisos III, IV, V e VII do art. 3º do Decreto-lei n. 834, de 8 de setembro de 1969; a Lei Complementar n. 22, de 9 de dezembro de 1974; a Lei Complementar n. 56, de 15 de dezembro de 1987; e a Lei Complementar n. 100, de 22 de dezembro de 1999".

110. O STF decidiu, vezes iterativas, que a *Lista de Serviços* tributáveis pelo Município é *taxativa*. Tudo sinaliza, pois, no sentido de que eventuais afrontas a esta posição cairão por terra quando forem levadas à apreciação da mais alta Corte do País.

Assim, vamos aceitar, *como premissa de trabalho*, que compete à lei complementar apontar os serviços que os Municípios estão credenciados a tributar por meio de ISS. Em contranota, vamos igualmente aceitar que, à falta de autorização em lei complementar, não é dado aos Municípios tributar qualquer serviço. Ou, em se preferindo, vamos ter presente que os Municípios podem tributar *apenas* os serviços de qualquer natureza que a lei complementar vier a definir.

II – Uma coisa, porém, é certa: fatos que não configuram prestações de serviços privados, ou que estejam no *campo material* de impostos federais ou estaduais,[111] não podem ser tributados por meio de ISS, ainda que uma lei complementar assim o permita. Aliás, lei complementar deste jaez seria inconstitucional, porque estaria ampliando o âmbito de abrangência do ISS e – o que é muito pior – atropelando o direito subjetivo que todos os contribuintes têm de só serem tributados pela pessoa política competente, observadas as regras-matrizes exacionais, postas no Diploma Magno.

Serviços novos só podem ser inseridos na *Lista* se forem, em tese, tributáveis por meio de ISS. Ou, se preferirmos, a lei complementar não pode "definir" ou "arrolar" fatos intributáveis pelo ISS (que poderíamos chamar de *não-serviços*).

Também a *Lista* não pode criar "serviços tributáveis" por analogia, equiparação, ficção ou presunção. Tampouco considerar serviços, para fins de ISS, fatos regidos pelo Direito Público (*v.g.*, os serviços públicos).

É que não é dado a nenhuma lei complementar transformar em serviço tributável por meio de ISS o que prestação de serviço privado não é, por faltar-lhe as características apontadas no *item 11*, supra.

III – Tudo isto nos leva a concluir que a lei complementar definidora de serviços tributáveis não diz a última palavra quando dá à estampa a *Lista de Serviços* (ainda que – insista-se – esta *Lista* seja havida por taxativa). *Não*. Mesmo nesta hipótese, a úl-

---

111. Absolutamente não pode a lei complementar submeter ao ISS fato jurídico que a Constituição reservou à tributação dos Estados ou da União. Se o fizer, será inconstitucional, por atentatória ao *princípio da reserva das competências tributárias*.

tima palavra já está dita pela Constituição Federal. A previsão em lei complementar, por si só, não garante que se está em face de uma verdadeira prestação de serviço, tributável por meio de ISS.

Detalhando o assunto, pode acontecer de a lei complementar incluir, no rol dos serviços tributáveis pelos Municípios, serviços públicos. Neste caso não há o que discutir: a lei complementar será flagrantemente inconstitucional.[112]

É que, mesmo que a lei complementar a tanto a "autorize", a lei municipal, ao cuidar do ISS, não poderá, por força do *princípio da rigidez das competências tributárias*, ir além do conceito de *serviços tributáveis*, constitucionalmente posto.

Com base nestas ponderações, vejamos melhor por que o ISS não pode incidir sobre as atividades típicas da Consulente.

12.2 Da impossibilidade de a Consulente ser alcançada pelo ISS, enquanto presta serviços postais

I – Em face do exposto ao longo deste item, temos por indisputável que a Consulente, quando presta, na condição de delegatária da União, serviços postais (serviços públicos), é imune ao ISS, a ela se aplicando, por inteiro, também neste particular, o precitado *princípio da imunidade recíproca* (art. 150, VI, "a", da CF).

E nem se diga que, por remunerar-se por tais serviços, a Consulente perderia o direito à imunidade, *ex vi* do art. 150, § 3º, da CF, que aparta do benefício em tela os serviços em que haja pagamento de preços ou tarifas pelo usuário. É que, como vimos,[113] tal restrição não se aplica às empresas estatais delegatárias de serviços públicos.

II – É igualmente intributável por meio de ISS a disponibilização que a Consulente faz, a terceiros, da infra-estrutura postal que está sob seus cuidados.

Realmente, como ficou evidenciado nas páginas anteriores, a Consulente tem a seu cargo assumir e fiscalizar as atividades postais (*lato sensu*) no País.

---

112. A competência tributária municipal para criar o ISS está delineada na Constituição Federal, não podendo ter suas fronteiras alteradas por meio de lei complementar.

113. Supra, *subitem 4-III*.

Ora, quando disponibiliza a terceiros os *meios* e *modos* para que levem avante suas atividades típicas, longe de desviar-se de suas finalidades, a elas se mantém absolutamente fiel.

É o caso de aqui invocarmos a clássica lição de Rui Barbosa: "Quando o Direito dá os fins, dá também os indispensáveis meios". Assim, tudo o que atina à utilização, em sentido amplo, da infra-estrutura dos serviços postais é da alçada da Consulente. Integra suas finalidades específicas.

Ora, na medida em que – como pensamos haver provado – a persecução destas finalidades está, sob a perspectiva tributária, coberta pelo manto da *imunidade recíproca*, força é convir que o mesmo privilégio fiscal aplica-se à disponibilização, a terceiros, da infra-estrutura postal. É o caso das chamadas *agências franqueadas*.

Se, por absurdo, viéssemos a entender que tais serviços de disponibilização não estão abrangidos pela imunidade tributária, estaríamos aceitando, contra todas as evidências fáticas e jurídicas, que sua execução é ilegal, porque estranha às finalidades institucionais da Consulente.

Esta posição não se sustenta, já que, no caso presente, a disponibilização, sobre consultar o superior interesse público, é inequívoco instrumento de viabilização do exercício eficaz da própria competência prevista no art. 21, X, da Carta Magna.

Portanto, a pretensa tributabilidade por via de ISS sobre os fatos *sub examine* não atende a critério algum de razoabilidade. Pelo contrário, desatende à lógica da prudência (jurisprudência), conatural à Ciência do Direito.

Enfim, sob a óptica do Direito Tributário não temos dúvidas em proclamar que a disponibilização a terceiros (as *agências franqueadas*), por parte Consulente, da infra-estrutura postal, para que estes levem adiante suas atividades profissionais, também refoge ao ISS.

III – Mas, *quid iuris* diante do *subitem 26.01* da *Lista de Serviços*, veiculada pela Lei Complementar 116/2003, que estipula serem tributáveis por meio de ISS os "serviços de coleta, remessa ou entrega de correspondência, documentos, objetos, bens ou valores, inclusive pelos correios e suas agências franqueadas; *courrier* e congêneres".

Pensamos que, na parte relativa aos "Correios e suas agências franqueadas", tal item é inconstitucional.

Com efeito, os *serviços postais* (*lato sensu*) são públicos. É o quanto basta para que se proclame que a Consulente não pode, nem mesmo com base em lei complementar definidora de serviços, ser compelida, enquanto os presta, a recolher ISS.

Nunca é demais insistir que, se um fato tipifica prestação de serviço público (porque obedece ao regime jurídico próprio da espécie), pouco importa, máxime para fins tributários, venha rotulado "prestação de serviço" alcançável pelo ISS.

Disto decorre que os *serviços postais* não se transmudaram em *prestações de serviços privados* só porque assim vieram atecnicamente denominados pelo legislador complementar. Não é, positivamente, o nome que atribui entidade às coisas.

Sustentar que as partes do *subitem 26.01* da Lista "inclusive pelos Correios e suas agências franqueadas", em si mesmas consideradas, eliminam a possibilidade de se estar diante de serviços públicos (intributáveis por meio de ISS) é fazer tábua rasa das clássicas lições dos antigos romanos, que nos legaram o conhecidíssimo brocardo *verba non mutant substantia rei*.

Do exposto, a despeito do estatuído no *subitem 26.01* da *Lista de Serviços*, os atos postais típicos praticados pela Consulente não tipificam serviços prestados sob regime de Direito Privado – não, podendo, destarte, ser alvo de tributação por meio de ISS.

Remarcamos que nem mesmo a lei complementar (no caso, a Lei Complementar 116/2003) pode quebrar a estrutura constitucional do ISS, muito menos para prejudicar direito subjetivo do contribuinte – qual seja, o de ser tributado na *forma* e nos *limites* permitidos pela Constituição. Vale, aqui, invocar a clássica lição de Marnoco e Souza: "O valor de uma Constituição não está tanto no que nela se encontra disposto, como no modo como ela é aplicada".[114]

IIIa – É certo que o *subitem 26.01*, em foco, é constitucional enquanto prevê a tributação, por meio de ISS, das empresas que,

---

114. *Constituição Política da República Portuguesa*, Coimbra, F. França Amado, 1913, p. 44.

em caráter negocial, prestam "serviços de coleta, remessa ou entrega de correspondências, documentos, objetos, bens ou valores".

Estas empresas desempenham atividades econômicas e, bem por isso, negociam livremente preço, condições de pagamento, prazos – tudo em ordem a obter o almejado lucro. Não é o caso da Consulente e de suas franqueadas, obrigadas que são, pela Constituição e pelas leis, a prestar tais serviços ainda que, pela localização do destinatário, isto, em alguns casos, lhes traga prejuízos. É o ônus que têm de suportar, por estarem prestando serviços públicos. Em compensação, tais serviços refogem à tributação por meio de ISS.

E nem se alegue que estamos reescrevendo o *subitem 26.01* da *Lista de Serviços*, ou interpretando-o de acordo com nossas idiossincrasias. Simplesmente o estamos submetendo a uma interpretação consentânea com a Carta Constitucional. Mais: estamos sendo fiéis ao propósito – sempre louvado pelos jurisconsultos – de preservar a parte hígida da lei tributária, compatibilizando-a, ao mesmo tempo, com os princípios constitucionais que protegem os contribuintes de eventuais excessos ou desvios fiscais.

Nesse sentido, vale colacionar a clássica exortação de Lúcio Bittencourt, *verbis*: "(...) os tribunais, antes de fulminar a lei com a declaração de inconstitucionalidade, devem procurar interpretá-la de tal modo que se torne possível harmonizá-la com a Constituição. E somente no caso de se tornar isso de todo impraticável é que se poderá reconhecer a ineficácia do diploma impugnado".[115]

Em suma, apenas as partes do *subitem 26.01* da *Lista de Serviços* que entram em testilhas com o art. 156, III, da CF – justamente as que aludem à tributação, por meio de ISS, da Consulente e suas agências franqueadas – devem ser afastadas. As demais podem e devem continuar a irradiar efeitos.

IV – Não se aplica contra a Consulente e suas agências franqueadas o mecanismo de retenção do ISS na fonte, previsto no art. 6º da Lei Complementar 116/2003.[116]

---

115. *O Controle Jurisdicional da Constitucionalidade das Leis*, 2ª ed., Rio de Janeiro, Forense, 1968, p. 93.

116. Lei Complementar 116/2003: "Art. 6º. Os Municípios e o Distrito Federal, mediante lei, poderão atribuir de modo expresso a responsabilida-

Lembramos que, por meio de tal mecanismo, a pessoa, física ou jurídica, ao receber os valores decorrentes de um serviço de qualquer natureza por ela prestado, vê descontada, pelo tomador, a carga tributária, que será por este recolhida aos cofres públicos. Noutras palavras, recebe o preço do serviço já abatido o ISS retido na fonte.

Ora, na medida em que a Consulente e suas agências franqueadas são, enquanto prestam o *serviço postal*, imunes ao ISS, a elas não se aplica a regra em questão. Do contrário, na prática, a imunidade não existiria. Com efeito, recebido, com o desconto na fonte, o preço do serviço postal, ver-se-iam compelidas a entrar com ação de repetição do indébito contra o Município (ou o Distrito Federal).

Neste ponto de nosso raciocínio, é o caso de colacionarmos os ensinamentos de Carlos Maximiliano: "Deve o Direito ser interpretado inteligentemente, *não de modo que a ordem legal envolva um* **absurdo**, *prescreva inconveniências, vá ter a conclusões inconsistentes ou impossíveis*".[117]

Ora, *in casu*, a *literalidade* do art. 6º da Lei Complementar 116/2003 deve ser afastada, justamente porque leva a *conclusões inconsistentes*, atentatórias ao *princípio da imunidade tributária recíproca*, que alcança a Consulente.

12.3 Medidas judiciais que podem vir a ser tomadas pela Consulente

Para precatar-se, inclusive contra possíveis autuações, a Consulente pode valer-se de várias medidas judiciais.

Antes de cuidarmos de algumas delas, lembramos que a Lei das Leis, máxime em seu art. 5º, § 2º, implicitamente confere a todo e qualquer contribuinte o direito de não pagar tributo criado ou cobrado em desacordo com os ditames constitucionais. É o chamado *direito de resistência à tributação indevida*.

---

de pelo crédito tributário a terceira pessoa, vinculada ao fato gerador da respectiva obrigação, excluindo a responsabilidade do contribuinte ou atribuindo-a a este em caráter supletivo do cumprimento total ou parcial da referida obrigação, inclusive no que se refere à multa e aos acréscimos legais".

117. *Hermenêutica e Aplicação do Direito*, 9ª ed., 1ª tir., Rio de Janeiro, Forense, 1980, p. 166 (os grifos são do autor).

Noutras palavras, o atual Diploma Constitucional não se limitou a reconhecer a possibilidade de o contribuinte insurgir-se contra a tributação indevida. Fez muito mais do que isto: conferiu-lhe os meios processuais adequados a este fim (o mandado de segurança, a ação declaratória acompanhada de antecipação de tutela, o direito à repetição do indébito tributário etc.).

Aprofundando a idéia, a Constituição Federal, em seu art. 5º, XXXV, garante, a todas as pessoas (físicas ou jurídicas), livre acesso ao Poder Judiciário, *verbis*: "XXXV – a lei não excluirá da apreciação do Poder Judiciário lesão ou ameaça a direito".

Este inciso garante a *ação*, isto é, o direito – insuscetível de restrição ou supressão por norma infraconstitucional – de postular em juízo, com todos os seus consectários: *direito à citação regular, direito ao contraditório (direito de defesa), direito ao juiz competente (juiz natural), direito ao devido processo legal (due process of law)* etc.

Calham bem, a propósito, as seguintes ponderações de Alessandro Pace: "Quando se alude à 'tutela jurisdicional', como a garantia mais importante dos direitos, o discurso não pode limitar-se, obviamente, ao mero 'acesso à jurisdição'. Se não existissem específicas técnicas de garantia (independência da função jurisdicional, imparcialidade do magistrado, motivação da decisão, direito à prova, princípio do contraditório etc.), o recurso à 'Justiça' não se distinguiria do recurso a qualquer outro órgão público".[118]

Sendo mais específicos, as pessoas têm a assisti-las o direito de, a qualquer tempo, irem ao Judiciário, para que este Poder decida, com imparcialidade, se as exigências do Fisco encontram, ou não, boa acústica na Constituição.

É que o inciso XXXV, em análise, encerra *normas constitucionais de eficácia plena*, que, como se sabe, atuam prontamente, assim que postas em vigor. Independem, para produzir todos os efeitos que lhes são próprios, da edição de normas inferiores que lhes explicitem o conteúdo. Por isso mesmo, são de aplicabilidade imediata (José Afonso da Silva).

---

118. *Problematica delle Libertà Costituzionali*, Padova, CEDAM, 1984, p. 67 (traduzimos).

Muito bem, nesta altura de nosso parecer cremos que está mais do que demonstrado que, enquanto alude aos "Correios e suas franqueadas", o *subitem* 26.01 da *Lista de Serviços* padece de incontornável inconstitucionalidade.

Para afastá-la há vários remédios jurídicos, dentre os quais merecem destaque a *ação direta de inconstitucionalidade*, o *mandado de segurança* e a *ação declaratória*.

12.3.1 Do cabimento de ação direta de inconstitucionalidade

O controle abstrato de constitucionalidade da parte alusiva "aos Correios e suas franqueadas" do *subitem* 26.01 da *Lista de Serviços* veiculada pela Lei Complementar 116/2003 pode ser realizado por via de *ação direta de inconstitucionalidade*.

Permitimo-nos lembrar que, no Brasil, o controle da constitucionalidade, pelo órgão jurisdicional, pode dar-se por via de *ação* ou de *exceção* (defesa).

De fato, a alegação de inconstitucionalidade de qualquer lei ou ato normativo pode ser feita incidentalmente, no curso do processo judicial. Neste caso, acolhida a defesa, a decisão opera efeitos entre as partes litigantes (*inter partes*), isto é, no caso em litígio (justamente porque proferida *in casu*). Este controle de constitucionalidade é chamado de *difuso*.[119]

Mas, como adiantamos, a declaração de inconstitucionalidade pelo órgão jurisdicional também pode ser obtida por via de *ação* (em que se visa a expungir do ordenamento jurídico a lei havida por inconstitucional). Neste caso, os efeitos da decisão que acolhe a argüição de inconstitucionalidade são *erga omnes*. Aí ocorre o chamado "controle de constitucionalidade *concentrado*".

Esta *ação* subdivide-se em *direta interventiva* e *direta genérica*. Trataremos apenas desta última.

---

119. No Direito Brasileiro, se a lei for declarada inconstitucional, por decisão definitiva do Pretório Excelso, o Senado *pode* suspender-lhe a execução (cf. art. 52, X, da CF). Escrevemos "pode" (e não *deve*) porque o Senado Federal, em rigor, não tem prazo para fazê-lo, nem é sancionado se adia indefinidamente o exercício desta sua competência. Quando, porém, tal se dá, a lei declarada inconstitucional num caso concreto perde completamente sua eficácia *erga omnes*, ou seja, também em relação a todas as outras pessoas que não integraram a lide.

A representação genérica de inconstitucionalidade, introduzida em nosso sistema normativo pela Emenda 16/1965 à Constituição de 1946, é mecanismo apto a garantir a observância de todos os dispositivos da Constituição. Colima obter a decretação, *em tese*, da inconstitucionalidade de lei ou ato normativo federal ou estadual, em face da Constituição da República (cf. arts. 102, I, "a", *e* 103, incisos e § 3º, da CF), ou estadual ou municipal, diante da Constituição do Estado (cf. art. 125, § 2º, da CF).

Podem propor, perante o STF, a *ação direta de inconstitucionalidade*, a teor do art. 103 da Carta Magna, o Presidente da República; a Mesa do Senado Federal; a Mesa da Câmara dos Deputados; a Mesa de Assembléia Legislativa; o Governador de Estado; o Procurador-Geral da República; o Conselho Federal da Ordem dos Advogados do Brasil; partido político com representação no Congresso Nacional; e confederação sindical ou entidade de classe de âmbito nacional.

Assim, é dado à Consulente valer-se de qualquer destas autoridades ou entidades para que, via *ação direta de inconstitucionalidade*, o Pretório Excelso possa fulminar, com efeitos *erga omnes*, as partes inquinadas ("inclusive pelos Correios e suas agências franqueadas") do *subitem 26.1* da *Lista de Serviços* veiculada pela Lei Complementar 116/2003.

12.3.2 Do cabimento de mandado de segurança

No caso concreto, a Consulente pode também impetrar *mandado de segurança preventivo*, para que não venha a ser compelida a recolher ISS enquanto presta os "serviços de coleta, remessa ou entrega de correspondências, documentos, objetos, bens ou valores" (todos imunes, porque *serviços postais*).

Recorde-se que o mandado de segurança é uma ação constitucional que as pessoas, físicas ou jurídicas, têm ao alcance da mão para se protegerem, de modo pronto e eficaz, contra ofensa ou ameaça de ofensa, por ato de autoridade, a seus direitos líquidos e certos, não amparáveis por *hábeas corpus* ou *hábeas data*.

Neste sentido dispõe o art. 5º, LXIX, da CF: "LXIX – conceder-se-á mandado de segurança para proteger direito líquido e certo, não amparado por *habeas corpus* ou *habeas data*, quando o responsável pela ilegalidade ou abuso de poder for autoridade pública ou agente de pessoa jurídica no exercício de atribuições do Poder Público".

Estamos percebendo que o mandado de segurança cabe quando presente o *direito líquido e certo* a defender contra *ato de autoridade*.

"*Direito líquido e certo* – ensina-nos Hely Lopes Meirelles – é o que se apresenta manifesto na sua existência, delimitado na sua extensão e apto a ser exercitado no momento da impetração".[120] Noutros termos, é o que se apresenta, no momento da impetração, comprovado *de plano*, dispensando, pois, a produção de prova da sua existência. Neste sentido, a prova no mandado de segurança deve vir *pré-constituída*, já que nele não há instrução probatória.

O direito líquido e certo, em suma, é o que não se submete a controvérsias factuais,[121] permitindo que o magistrado forme, *ab initio*, a convicção da admissibilidade do direito pretendido. Logo, o direito incontroverso, deduzido de plano com a inicial, a ensejar ao julgador a convicção de sua plausibilidade, abre espaço à impetração do *writ*.

Permitimo-nos salientar, ainda, que o mandado de segurança admite *medida liminar*, "quando sejam relevantes os fundamentos da impetração e do ato impugnado puder resultar a ineficácia da ordem judicial, se concedida a final" (art. 7º, II, da Lei 1.533/1951).

Em suma, cabe liminar desde que manifesto o prejuízo irreparável (ou, pelo menos, de difícil composição) causado pelo abusivo ato de autoridade. Dito de outro modo, esta providência cautelar impõe-se ante a demonstração inequívoca da existência do direito lesado (*fumus boni iuris*) e da irreparabilidade do dano que o ato de autoridade causará, se seus efeitos não forem imediatamente coarctados (*periculum in mora*).

É justamente o caso: o mandado de segurança a ser impetrado comportará a sustação, *in limine*, dos efeitos das leis munici-

---

120. *Mandado de Segurança*, 27ª ed., São Paulo, Malheiros Editores, 2004, pp. 36-37.

121. Cf. Carlos Mário Velloso, "Conceito de direito líquido e certo", in *Curso de Mandado de Segurança*, São Paulo, Ed. RT, 1986, pp. 69-100.

pais que vierem a ser editadas, com respaldo nas partes inconstitucionais ("inclusive pelos Correios e suas agências franqueadas") do *subitem 26.01* da *Lista de Serviços* veiculada pela Lei Complementar 116/2003. Tais partes, como vimos e revimos, ferem direitos constitucionais subjetivos da Consulente.

12.3.3 Do cabimento de ação declaratória

Os processualistas ensinam que as ações judiciais classificam-se em *de conhecimento, executivas* e *cautelares*. As primeiras, tendo em vista o particular *modus* da prestação jurisdicional a ser dada, subdividem-se em *declaratórias, condenatórias, constitutivas* e, segundo alguns, também em *mandamentais*.

As denominadas *ações declaratórias* ou *meramente declaratórias*, segundo o que habitualmente se sustenta, têm por objetivo último propiciar a declaração, fundamentalmente, da *existência* ou *inexistência de uma relação jurídica*. Ou – como quer Celso Agrícola Barbi – "visam apenas a declarar a existência ou a inexistência de uma relação jurídica, a autenticidade ou falsidade de um documento, a inconstitucionalidade de uma lei".[122]

Sua admissibilidade, no Direito Processual Positivo Brasileiro – exceção feita à *ação declaratória de inconstitucionalidade*, que vem diretamente prevista em nossa Constituição Federal –, vem tratada no art. 4º do CPC:

"Art. 4º. O interesse do autor pode limitar-se à declaração:

"I – da existência ou da inexistência de relação jurídica;

"II – da autenticidade ou falsidade de documento.

"Parágrafo único. É admissível a ação declaratória, ainda que tenha ocorrido a violação do direito."

Induvidoso, portanto, que a ação declaratória a ser eventualmente proposta pela Consulente fundar-se-á, de modo direto e efetivo, no inciso I do art. 4º do CPC. Com efeito, a ação colimará ver declarada a inexistência do dever jurídico da Consulente de vir a recolher ISS pela prestação de "serviços de coleta, remessa ou entrega de correspondências, documentos, objetos, bens ou valores".

---

122. *Comentários ao Código de Processo Civil*, vol. I, t. I, Rio de Janeiro, Forense, 1977, p. 68.

Tal ação declaratória poderá vir precedida de medida cautelar de depósito, caso a Consulente entenda oportuno garantir a discussão em juízo.

12.3.3-A *Da possibilidade de antecipação de tutela no caso em consulta*

Introduzida em nosso Direito Processual Civil pela Lei 8.952, de 13.12.1994, a antecipação da tutela encontra-se hoje basicamente prevista no art. 273 do CPC: "Art. 273. O juiz poderá, a requerimento da parte, antecipar, total ou parcialmente, os efeitos da tutela pretendida no pedido inicial, desde que, existindo prova inequívoca, se convença da verossimilhança da alegação e: I – haja fundado receio de dano irreparável ou de difícil reparação; ou II – fique caracterizado o abuso de direito de defesa ou o manifesto propósito protelatório do réu".

A admissibilidade deste instrumento processual, na ação que a Consulente eventualmente ajuizará, exige duas ordens de consideração. *Uma* liga-se à possibilidade da utilização deste instrumento processual em ações propostas contra a Fazenda Pública. *A outra* – passível de ser analisada apenas após a superação da primeira – vincula-se à configuração, ou não, no caso em exame, dos pressupostos processuais exigidos para seu deferimento.

Vamos a elas.

I – No que concerne à admissibilidade do instituto processual da antecipação de tutela em ações propostas contra a Fazenda Pública, a matéria apresenta-se controvertida em sede doutrinária.[123]

Estamos convencidos, no entanto, de que esta possibilidade existe.

---

123. Há quem negue esta possibilidade, como o faz Antônio Raphael Silva Salvador, para quem é "impossível a tutela antecipada concedida em favor de autor contra a União, o Estado e o Município, pois aí haveria, obrigatoriamente, pedido de reexame necessário se a concessão fosse em sentença final, o que mostra que não é possível, então, a tutela antecipada, que burlaria a proteção legal prevista no art. 475, II, do CPC" (*Da Ação Monitória e da Tutela Jurisdicional Antecipada*, 2ª ed., São Paulo, Malheiros Editores, 1997, p. 68).

Neste sentido, de resto, a lição abalizada de Cássio Scarpinella Bueno:

"A tutela antecipada é, com efeito, importante (aliás, fundamental) mecanismo de efetividade do processo contra as ingerências indevidas do Poder Público naqueles casos em que o particular apresentar-se perante o Estado-juiz não como titular de um direito líquido e certo de lesão ou ameaça à afirmação de seu direito, mas como titular de 'prova inequívoca de verossimilhança' desta alegação ou, ainda, dos elementos referidos no § 3º do art. 461 do CPC, critérios igualmente *valorados* e *prestigiados* pelo legislador atual, para *legitimar* a antecipação da tutela, mesmo em lides envolvendo relações de Direito Público, sem prejuízo de ampla produção probatória posterior.

"Por tal razão, do mesmo modo que a concessão da liminar em mandado de segurança (preenchidos seus pressupostos específicos) sempre foi tida como meio eficaz para voltar-se contra o ato estatal, a antecipação de tutela (quando demonstrados seus próprios pressupostos específicos) não pode ser descartada como mecanismo hábil para o mesmo desiderato."[124]

Realmente, em inúmeras situações o autor de uma ação contra o Poder Público tem legítimo interesse em ver, de imediato, atendida a pretensão deduzida em juízo, sem que se veja obrigado a aguardar a solução definitiva da lide. Afinal, os fundamentos que levaram à criação da figura da *antecipação da tutela* em nada se comprometem pelo fato de estarem voltados contra atos lesivos ou omissões injustificáveis do Poder Público.

É o que nos ensina Nelson Nery Jr.:

"A antecipação de tutela é mecanismo que visa, entre outras coisas, a tornar o processo efetivo, evitando o dano iminente (art. 273, I, do CPC) ou a procrastinação indevida da prestação da tutela jurisdicional (art. 273, II, do CPC).

"(...).

"O que é preciso indagar do autor é o motivo por que pretende a medida. Comprovada a existência do interesse proces-

---

124. "Tutela antecipada e ações contra o Poder Público", in Teresa Arruda Alvim Wambier (coord.), *Aspectos Polêmicos da Antecipação de Tutela*, São Paulo, Ed. RT, 1997, p. 95.

sual na obtenção da tutela antecipatória, em tese ela deve ser concedida."[125]

Na mesma trilha segue a jurisprudência colacionada pelo conspícuo Theotônio Negrão:

"'Não se pode afastar, em princípio, o cabimento da *cautela em ação declaratória* para obter a antecipação provisória da prestação jurisdicional. Ela é admissível, embora excepcionalmente, sempre que houver fundado receio de dano irreparável ou de difícil reparação' (*RTFR* 134/15). No mesmo sentido: *RTFR* 157/233, 158/97; *RTJESP* 106/319; *JTA* 99/33. (...).

"'O processo cautelar não visa, necessariamente, a assegurar a execução de sentença a ser prolatada em outro processo, mas sim garantir-lhe a eficácia, resguardar-lhe a utilidade. Se a mudança da situação de fato for apta a perturbar seriamente a utilidade prática de demanda de conteúdo simplesmente declaratório, pode justificar-se o deferimento de medida cautelar' (*RSTJ* 34/417)."[126]

Na companhia de tão ilustres e renomados processualistas, não temos dúvidas de que a antecipação de tutela é perfeitamente compatível com as ações propostas contra o Poder Público.

Pois bem, no caso concreto, se as leis municipais, estribadas no *subitem 26.01* da *Lista de Serviços* veiculada na Lei Complementar 116/2003, vierem a considerar passíveis de tributação por meio de ISS os "serviços de coleta, remessa ou entrega de correspondências, documentos, objetos, bens ou valores" realizados pela Consulente, esta, permanecendo omissa, fatalmente será autuada, a menos que obtenha a cautela de que aqui se cogita.

II – Estamos convencidos de que se encontram presentes os pressupostos legais exigidos para o deferimento do pedido de antecipação de tutela. Se não, vejamos.

O art. 273 do CPC exige venham preenchidos os seguintes requisitos para o deferimento da antecipação de tutela: a) existência de "prova inequívoca" capaz de autorizar, no momento

---

125. "Procedimentos e tutela antecipatória", in Teresa Arruda Alvim Wambier (coord.), *Aspectos Polêmicos da Antecipação de Tutela*, pp. 395-396.
126. *Código de Processo Civil e Legislação Processual em Vigor*, 33ª ed., São Paulo, Saraiva, 2002, pp. 98-99 (os grifos constam do original).

processual em que se postula a medida, uma prestação jurisdicional favorável ao autor; b) "verossimilhança da alegação", de modo que exista uma grande probabilidade de serem verdadeiras as alegações do litigante; ou c) "fundado receio de dano irreparável ou de difícil reparação" (inciso I).

Muito bem: os fatos que fundamentarão a propositura da eventual ação declaratória, por parte da Consulente, estão antecipadamente provados e comprovados. Aliás, conforme consignamos ao longo de todo este parecer, é manifesto seu direito de não recolher ISS enquanto presta seus serviços típicos (os serviços postais *lato sensu*).

13
A Tributabilidade da Consulente por Meio de Taxas, Inclusive a de Localização e Funcionamento

> 13.1 *Colocação do problema.* 13.2 *Generalidades.* 13.3 *As "taxas de serviço" e as "taxas de polícia". Pressupostos para que alcancem validamente a Consulente.*

13.1 Colocação do problema

A Consulente, embora imune a impostos, não o é a taxas em geral. O *princípio da imunidade recíproca*, que a favorece, não irradia efeitos sobre esta modalidade de tributos. Além disso, a Constituição Federal restringe as imunidades a taxas a algumas poucas hipóteses (*numerus clausus*).[127]

Isto não significa, no entanto, que todas as taxas, em quaisquer circunstâncias, podem alcançar a Consulente. Para que tal validamente ocorra, é mister venha preenchida uma série de pressupostos, que passamos a analisar.

13.2 Generalidades

A taxa é o tipo de tributo que seguramente mais divergências suscita entre os estudiosos. Tanto isto procede, que não há consenso quanto à sua definição, nem seu exato enquadramento entre as espécies tributárias.

---

127. V., supra, *subitem 3-V.*

De um modo geral, porém, tem-se entendido que a taxa é uma obrigação *ex lege* que nasce da realização de uma atividade estatal relacionada, de modo específico, ao contribuinte, embora muitas vezes por ele não requerida ou, até mesmo, sendo para ele desvantajosa. Pasquale Russo agrega a esta noção a idéia de que a taxa "é uma prestação que se inspira no princípio da correspectividade",[128] tomado no sentido de troca de utilidade ou, se preferirmos, de comutatividade. É preciso que o Estado faça algo em favor do contribuinte para dele poder exigir, de modo válido, esta particular espécie tributária.[129]

Diante disso, podemos dizer que taxas são tributos que têm por *hipótese de incidência* uma atuação estatal diretamente referida ao contribuinte.[130]

No Brasil esta atuação estatal – consoante reza o art. 145, II, da CF[131] (que traça a *regra-matriz* das taxas) – pode consistir ou num *serviço público* ou num *ato de polícia*.

Daí distinguirmos as *taxas de serviço* (vale dizer, as taxas que têm por pressuposto a prestação de serviços públicos) das *taxas de polícia* (ou seja, as que nascem em virtude da prática, pelo Poder Público, de atos de polícia de efeitos concretos).

A *hipótese de incidência* das taxas só pode consistir num destes dois fatos, ambos regidos pelo Direito Público: a) a prestação

---

128. *Manuale di Diritto Tributario*, Milano, Dott. A. Giuffrè Editore, 1994, p. 22.

129. Nisto as taxas diferem dos impostos, que, para serem instituídos e cobrados, independem de qualquer atuação estatal. São, se quisermos, *tributos não-vinculados a uma atuação estatal*, nascendo, deste modo, sempre de *fatos regidos pelo Direito Privado*, isto é, de fatos da esfera pessoal dos contribuintes (o fato de alguém importar produtos, praticar operação mercantil, prestar, em caráter negocial, serviços de qualquer natureza etc.).

130. Na lição clássica de Geraldo Ataliba, "(...) para que se configure a taxa, basta a lei prever atuação estatal que tenha referibilidade a alguém (que poderá ser posto como sujeito passivo do tributo). Este tributo irá nascer com a referibilidade (no momento em que a atuação estatal se referir concretamente a alguém)" (*Hipótese de Incidência Tributária*, 6ª ed., 5ª tir., São Paulo, Malheiros Editores, 2004, p. 147).

131. Constituição Federal: "Art. 145. A União, os Estados, o Distrito Federal e os Municípios poderão instituir os seguintes tributos: (...) II – taxas, em razão do exercício do poder de polícia ou pela utilização, efetiva ou potencial, de serviços públicos específicos e divisíveis, prestados ao contribuinte ou postos à sua disposição".

de serviço público; e b) o exercício do poder de polícia. Portanto, a lei da pessoa política tributante deve colocar na *hipótese de incidência* das taxas *ou* a prestação de um dado serviço público *ou* a prática de um ato de polícia.

Frisamos que tais fatos não podem ser produzidos por particulares ou empresas privadas, mas tão-somente pelo Estado, e sempre com base em lei. Sem lei ele não pode nem prestar serviços públicos, nem exercitar seu poder de polícia.

Logo, para que a tributação por via de taxa ocorra é mister sejam editadas duas leis: *uma*, de natureza administrativa, regulando o exercício do poder de polícia ou a prestação do serviço público; e, *outra*, de índole tributária, qualificando estas atuações estatais e atribuindo-lhes o efeito de, uma vez realizadas, darem nascimento, *in concreto*, à modalidade de tributo ora em análise.

Voltemos, agora, nossas atenções para as *taxas de serviço* e as *taxas de polícia*.

13.3 As "taxas de serviço" e as "taxas de polícia". Pressupostos para que alcancem validamente a Consulente

I – As *taxas de serviço*, conforme acenamos no subitem anterior, são tributos que têm por *hipótese de incidência* a prestação de um *serviço público* diretamente referido a alguém.

Queremos, de logo, deixar registrado que não é qualquer serviço público que abre espaço à tributação por meio de *taxa de serviço*, mas tão-somente o serviço público *específico e divisível*,[132] a teor da segunda parte do inciso II do art. 145 da CF.

---

132. Os *serviços públicos gerais*, ditos também "universais", são os prestados *uti universi*, isto é, indistintamente a todos os cidadãos. Alcançam a comunidade como um todo considerada, beneficiando número indeterminado (ou, pelo menos, indeterminável) de pessoas. É o caso dos serviços de iluminação pública, de segurança pública, de diplomacia, de defesa da soberania do País etc. Não podem ser custeados por meio de taxas, mas das *receitas gerais* do Estado, representadas basicamente pelos impostos.

Já, os *serviços públicos específicos*, também chamados "singulares", são os prestados *uti singuli*. Referem-se a uma pessoa ou a um número determinado (ou, pelo menos, determinável) de pessoas. São de utilização individual e mensurável. Gozam, portanto, de *divisibilidade*, é dizer, da possibilidade de avaliar-se a utilização efetiva ou potencial, individualmente

Notamos que o serviço público que rende ensejo à criação da taxa específica não precisa necessariamente ser usufruído pelo contribuinte: basta que *exista* e seja posto à sua disposição. Assim, a simples disponibilidade do serviço público abre espaço à tributação por meio de taxa de serviço.[133]

II – As *taxas de polícia*, de seu turno, são tributos que têm por *hipótese de incidência* o exercício do chamado "poder de polícia", desde que diretamente referido ao contribuinte.

Vamos logo esclarecendo que *poder de polícia* é a faculdade que o Estado tem de, dentro dos limites normativos, baixar regras de nível legal ou infralegal para disciplinar o exercício dos direitos à liberdade e à propriedade das pessoas, compatibilizando-o com o bem comum.

Deveras, para que o exercício dos direitos de uns não prejudique o exercício dos direitos de outros exige-se que o Estado expeça regras, harmonizando este exercício com o *interesse coletivo*.

Voltamos a dizer que o *poder de polícia*, no Brasil, deve – por força do princípio da legalidade – ser exercitado, num primeiro momento, por meio de lei, editada pela pessoa política que, nos termos da Constituição, tiver *competência administrativa* para, em função do interesse coletivo, ordenar e restringir direitos e liberdades individuais. Somente depois de editada tal lei – e sempre com apoio nela – é que a Administração Pública poderá ocupar-

---

considerada. É o caso dos serviços de telefone, de transporte coletivo, de fornecimento domiciliar de água potável, de gás, de energia elétrica etc. Estes, sim, podem ser custeados por meio de *taxas de serviço*.

133. A disponibilidade que autoriza a tributação por via de taxa de serviço há de ser *direta e imediata*, e não *difusa*. Além disso, para que este tributo seja exigível é mister que a utilização (não a prestação) do serviço público seja *compulsória* (cf. art. 79, I, "b", do CTN), isto é, obrigatória, por imperativo legal.

Logo, se o serviço público estiver à disposição de todos, mas não diretamente do contribuinte, ou, ainda que à sua disposição direta, sua fruição for facultativa, a taxa de serviço só poderá ser exigida de quem efetivamente vier a utilizá-lo.

Queremos registrar, ainda, que, embora a compulsoriedade da fruição do serviço público nasça da lei, este ato normativo não tem total liberdade para impor aos administrados o dever de utilizar todo e qualquer serviço público. Antes, tal obrigatoriedade deve respaldar-se num valor ou interesse público prestigiado pela Constituição (*v.g.*, a coleta de esgotos, que realiza o valor "saúde pública", consagrado pelo Diploma Supremo).

se com o assunto, por meio de regulamentos, portarias e atos administrativos de efeitos concretos.[134]

Exercendo, com base em lei, seu poder de polícia, o Estado limita o exercício dos direitos à propriedade e à liberdade das pessoas, de modo a permitir que, observado o princípio da prevalência do interesse público sobre o privado, todas possam desfrutar igualmente deste dois bens supremos.

Como quer que seja, não é qualquer ato de polícia que autoriza a tributação por meio desta modalidade de taxa, mas *tãosomente* o que se consubstancia num agir concreto e específico da Administração (ou de quem lhe faça juridicamente as vezes), praticado com base em lei.

O simples exercício do poder de polícia não enseja a cobrança da taxa de polícia. O que enseja tal cobrança é o *desempenho efetivo* da atividade dirigida ao administrado.[135]

Do exposto, temos que a taxa de polícia pressupõe o efetivo exercício de atividades ou diligências, por parte da Administração Pública, em favor do contribuinte, removendo-lhe obstáculos jurídicos, mantendo-os, fiscalizando a licença que lhe foi concedida etc.

Estamos, assim, percebendo que o ato de polícia que autoriza a instituição e a cobrança do tributo em tela deve ser *específico e divisível*. Melhor dizendo, a taxa de polícia só pode ser exigida da pessoa (ou empresa) que é diretamente alcançada por um ato de polícia de efeitos individuais (*ato individualizável*).

Portanto, só há falar em taxa de polícia após o efetivo exercício do *poder de polícia*, que pressupõe que o contribuinte (pessoa física ou jurídica) esteja, de fato, desempenhando a atividade material, objeto de fiscalização.

Aprofundando o raciocínio – mas sempre seguindo na mesma trilha –, registramos que a utilização potencial do exercício

---

134. O poder de polícia, como ensina Geraldo Ataliba ("Taxa de polícia – Localização e funcionamento", in *Estudos e Pareceres de Direito Tributário*, vol. 3, São Paulo, Ed. RT, 1980, p. 236), é exercido por meio da edição de: a) leis, limitadoras da liberdade e da propriedade das pessoas; b) regulamentos, dando plena eficácia a tais leis; e c) atos administrativos, fiscalizando e compelindo os particulares à observância desses preceitos legais.

135. Como bem observa Régis Fernandes de Oliveira, a taxa de polícia só pode ser exigida quando a pessoa política competente, atuando, "remover obstáculo criado pela norma geral, mantê-lo ou *fiscalizar a autorização ou a licença concedida*" (*Taxas de Polícia*, 1ª ed., São Paulo, Ed. RT, 1980, p. 56 – grifamos).

do poder de polícia não autoriza a pessoa política a exigir esta modalidade de taxa. É o que – diga-se de passagem – didaticamente esclarece-nos Sacha Calmon Navarro Coêlho: "Não basta que o Departamento da Polícia Federal que concede passaportes esteja em funcionamento, para que o Poder Público Federal cobre 'taxa de expediente' de todos os que estiverem sob a sua circunscrição, ao argumento de que o serviço está posto à disposição dos contribuintes. As 'taxas de polícia' se dão pela *realização de atos administrativos* com base no poder geral de polícia, *diretamente relacionada à pessoa do contribuinte*".[136]

Todos estes argumentos levam-nos à irretorquível conclusão de que, nos termos da Lei Maior, a exação em estudo não é uma taxa *por atos de polícia*, mas uma taxa *em razão do exercício do poder de polícia*.[137]

Em suma, a taxa de polícia nasce da *prática de atos concretos de polícia*.

III – Em face do exposto, é fácil notar que a Consulente só poderá ser compelida a recolher taxas se presentes todos estes pressupostos constitucionais, legais e fáticos. Deveras, não basta que a taxa (de serviço ou de polícia) que se lhe pretenda exigir venha criada por meio de lei, editada com respaldo na Constituição. É mister, ainda, ocorra o *fato imponível*, que, no caso das *taxas de serviço*, é a prestação, efetiva ou potencial, de serviços públicos específicos e divisíveis; no das *taxas de polícia*, a prática, em concreto, de atos de polícia.

Estas proposições valem também para a taxa de localização e funcionamento e suas respectivas renovações.

IV – Muitos Municípios (e, em seu território, o Distrito Federal) exigem da Consulente, com base em lei local, taxa de lo-

136. *Comentários à Constituição de 1988: Sistema Tributário*, 2ª ed., Rio de Janeiro, Forense, 1990, p. 48 (grifos do autor).
137. No mesmo sentido Geraldo Ataliba, *verbis*: "Não são taxas por atos de polícia, porque, a rigor, o ato de polícia é aquele ato culminante – *sim* ou *não*, *defiro* ou *não defiro*, *pode* ou *não pode*; não é por esse ato que se paga, nem pelo resultado *positivo* ou *negativo*. Paga-se pela despesa que se causar para a regular edição desse ato, cuja produção válida requer que o Estado faça diligências de averiguação, verificação, medição, confrontação, exame; em uma palavra: fiscalização" ("Taxas e preços no novo texto constitucional", *RDTributário* 47/151 – os grifos estão no original).

calização, funcionamento e suas respectivas renovações anuais. Trata-se de modalidade de taxa de polícia.

Tal cobrança, em princípio, é válida, havendo farta jurisprudência, inclusive dos Tribunais Superiores, a legitimá-la. De fato, não sendo a Consulente imune a taxas, e sendo dado ao Município (ou ao Distrito Federal), no exercício de seu regular poder de polícia, averiguar se o estabelecimento está localizado no bairro adequado, se respeita as condições mínimas de segurança, higiene, interesse público etc., não vemos como questionar, *a priori*, tal pretensão tributária.

Isto está longe de significar, no entanto, que, dependendo do caso, a taxa não possa ser anulada. Tudo vai depender do exame cuidadoso de cada situação.

Então, vejamos.

IVa – O tributo não poderá ser validamente exigido só porque a Consulente pleiteia autorização para funcionar. É imprescindível, para tanto, que a autoridade municipal (ou do Distrito Federal) verifique, *in loco*, a presença dos requisitos para a instalação, localização e funcionamento. Se permanecer inerte, o poder de polícia não estará sendo exercitado, não havendo, pois, o nascimento, em concreto, da taxa. Relembramos que a simples existência do aparato fiscalizador não legitima a cobrança de nenhuma taxa de polícia.

IVb – Também a Consulente pode questionar a cobrança de taxa de *renovação* anual de licença para funcionamento caso inexista – hipótese, na prática, muito comum – o efetivo e regular exercício do poder de polícia que a deve ensejar. É que, neste caso, inocorre o *fato imponível* do tributo, que não pode nascer do poder de polícia potencial, isto é, não-exercitado de fato.

IVc – Legislações há que prevêem a cobrança anual da taxa de *renovação* de licença de funcionamento, tomando por base de cálculo do tributo ou o número de empregados ou a área ocupada. Tais paradigmas – inadequados, seja porque não mensuram os custos dos atos fiscalizatórios (atos de polícia), seja porque são próprios de impostos, vulnerando, destarte, o disposto no art. 145, § 2º, da CF[138] – tisnam irremediavelmente a taxa, de modo a ensejar correção judicial.

---

138. Constituição Federal (art. 145): "§ 2º. As taxas não poderão ter base de cálculo própria de impostos".

14
Banco Postal. Sua Tributabilidade, em Princípio, por Meio de ISS

O Ministério das Comunicações, com base no Decreto 3.354/2000 (hoje substituído pelo Decreto 4.635/2003), baixou a Portaria 588, de 4.10.2000, instituindo o *Serviço Financeiro Especial* (mais conhecido como "Banco Postal"), a cargo da Consulente.

Esta atividade gira em torno da "prestação de serviços bancários básicos, em todo o território nacional, como correspondente de instituições bancárias, na forma definida pela Resolução do Conselho Monetário Nacional de n. 2.707, de 30 de março de 2000" (art. 2º da Portaria 588/2000). Não se confunde com o serviço postal – e, por isso, passa ao largo da imunidade tributária prevista no art. 150, VI, "a", da CF.

Na qualidade de correspondente bancário, a Consulente, em comum acordo com as instituições parceiras, poderá prestar os serviços bancários adnumerados nos incisos I a IX do art. 4º da predita portaria, *verbis*: "I – recepção e encaminhamento de propostas de abertura de contas de depósito à vista, a prazo e de poupança; II – recebimentos e pagamentos relativos a contas de depósitos à vista, a prazo e de poupança, bem como aplicações e resgates em fundos de investimento; III – recebimentos e pagamentos decorrentes de convênios de prestação de serviços mantidos pelo banco parceiro, na forma de regulamentação em vigor; IV – execução ativa ou passiva de ordens de pagamento em nome do banco parceiro; V – recepção e encaminhamento de pedidos de empréstimos e de financiamentos; VI – análise de crédito e cadastro; VII – execução de cobrança de títulos; VIII – outros serviços de controle, inclusive processamento de dados, das operações pactuadas; e IX – outras atividades, a critério do Banco Central do Brasil".[139]

Como facilmente podemos notar, o *Serviço Financeiro Especial* – sempre prestado "em parceria com instituições bancárias pertencentes ao Sistema Financeiro Nacional" (art. 2º, § 2º, da Portaria 588/2000) – reveste-se de grande alcance social, já que supre a falta de atendimento bancário em Municípios afastados dos grandes centros.

Note-se, no entanto, que a Consulente apenas faz as vezes – isto é, trata dos negócios – da instituição financeira contratante. Esta, sim, tem "a total responsabilidade... sobre os serviços prestados (...), inclusive na hipótese de substabelecimento do contrato a terceiros" (cf. art. 4º, I, da Resolução BACEN-3.110, de 31.7.2003).

Ademais, à Consulente é vedado: "a) efetuar adiantamento por conta de recursos a serem liberados pela instituição financeira contratante; b) emitir, a seu favor, carnês ou títulos relativos às operações intermediadas; c) cobrar, por iniciativa própria, qualquer tarifa relacionada com a prestação dos serviços a que se refere o contrato; d) prestar qualquer tipo de garantia nas operações a que se refere o contrato" (cf. art. 4º, IV, da Resolução BACEN-3.110/2003).

A Consulente, enquanto leva avante suas atividades de *Banco Postal*, limita-se a prestar um *serviço de correspondente bancário*, atendendo ao público, fazendo, em nome da instituição financeira contratante, pequenos recebimentos e empréstimos etc. Absolutamente não se equipara a um estabelecimento financeiro. Tanto não, que o parágrafo único do art. 1º da Lei 7.102/1983 somente considera *estabelecimentos financeiros* os bancos oficiais ou privados, as caixas econômicas, as sociedades de crédito, as associações de poupança, bem como suas agências, subagências e seções.

Ressalte-se, ademais, que cabe exclusivamente ao parceiro (a instituição financeira contratante) prover de moeda as agên-

---

139. Nos termos do parágrafo único do art. 4º dessa Portaria: "A prestação dos serviços referidos nos incisos I e II deste artigo depende de prévia autorização do Banco Central do Brasil".

cias da Consulente, receber os valores monetários que nelas forem depositados, operar eletronicamente as atividades, o controle e os registros contábeis entre os usuários do sistema e o Banco Central do Brasil, e assim por diante.

Logo, é incontroverso que as atividades inerentes ao *Banco Postal* não se sujeitam ao IOF (imposto sobre operações de crédito, câmbio e seguro, ou relativas a títulos ou valores mobiliários) – tributo de competência da União, *ex vi* do disposto no art. 153, V, da CF.

Trata-se de um serviço de outra natureza, tributável – pelo menos em princípio – por meio de ISS, *ex vi* do disposto no *item 15* (com seus 18 subitens) da *Lista de Serviços* veiculada pela Lei Complementar 116/2003 ("serviços relacionados ao setor bancário ou financeiro, inclusive aqueles prestados por instituições financeiras autorizadas a funcionar pela União ou por quem de direito").

Impende notar, entretanto, que sempre será dado à Consulente argumentar que, na medida em que o *Serviço Financeiro Especial* (ou *Banco Postal*) não está expressamente referido na *Lista*, não pode ser, por analogia, levado à tributação por meio de ISS. Afinal, como bem proclama o art. 108, § 1º, do CTN, "o emprego da analogia não poderá resultar na exigência de tributo não previsto em lei".

Este argumento de defesa conta com o prestigioso abono de significativa doutrina (por exemplo, de Eduardo Domingos Bottallo), para a qual, na medida em que cada item da *Lista de Serviços* vem desdobrado em subitens, foi criado um verdadeiro *numerus clausus*, que protege o contribuinte. De sorte que tudo o que nos aludidos subitens expressamente não se contiver escapa à tributação por meio de ISS.

Por fim, pelos argumentos expendidos no *item 9*, supra, entendemos sustentável a tese da imunidade da Consulente, ao *IRPJ* e à *CSLL*, sobre os rendimentos auferidos pela prestação do *Serviço Financeiro Especial*.

15
Serviços Postais, Serviços Afins e outros prestados pela Consulente

Para concluirmos este já longo parecer, resta-nos distinguir os serviços postais e afins de outros que podem ser prestados pela Consulente, procurando daí tirar algumas conclusões, a serem eventualmente aprofundadas em ulterior manifestação opinativa.

I – Começamos por afirmar que o assunto encontra-se superiormente regulado na Lei 6.538, de 22.6.1978, que trata dos "direitos e obrigações concernentes ao serviço postal e ao serviço de telegrama" (art. 1º).[140]

Muito bem, nos termos do art. 9º da lei em foco, a Consulente tem aptidão jurídica para prestar, com prerrogativas de Direito Público e em caráter privativo,[141] o *serviço postal* ou *de correio*.[142] Este compreende: a) o "recebimento, transporte e en-

---

140. Neste dispositivo há uma impropriedade, porquanto o *serviço de telegrama* não se contrapõe ao *serviço postal*; antes, é uma de suas modalidades.

141. A lei alude, impropriamente, ao *regime de monopólio*, quando, na realidade, quer significar que o serviço postal só pode ser levado avante pela Consulente.

142. O sentido dos termos "postal" e "correios" foi precisado por Pontes de Miranda, *verbis*: "*Correio* significa, no texto, *posta*, serviço de transporte de cartas, e encomendas *postais* as que se equiparam às cartas. Isso não quer dizer que se vede, constitucionalmente, a particulares, ou às próprias entidades intraestatais, manter serviços de entregas de objeto (não de cartas!). O cerne do conceito está nas cartas missivas: cartas, escritos, mensagens fechadas, instituem serviço postal, e tem esse de pertencer à União" (*Comentários à Constituição de 1967 com a Emenda n. 1 de 1969*, 2ª ed., 2ª tir., t. II, São Paulo, Ed. RT, p. 36 – os grifos estão no original).

trega, no território nacional, e a expedição, para o exterior, de carta e cartão-postal" (inciso I); b) o "recebimento, transporte e entrega, no território nacional, e a expedição, para o exterior, de correspondência agrupada" (inciso II); e c) a "fabricação, emissão de selos e de outras fórmulas de franqueamento postal" (inciso III).

O art. 7º da mesma Lei 6.538/1978 proclama constituir serviço postal "o recebimento, expedição, transporte e entrega de objetos de correspondência, valores e encomendas, conforme definido em regulamento".[143]

Por igual modo, à Consulente foi permitido, no art. 2º, § 1º, "a" a "d", da Lei 6.538/1978, desempenhar *atividades afins* ou *correlatas, verbis*: "§ 1º. Compreende-se no objeto da empresa exploradora dos serviços: a) planejar, implantar e explorar o serviço postal e o serviço de telegrama; b) explorar atividades correlatas;[144] c) promover a formação e o treinamento de pessoal sério ao desempenho de suas atribuições; d) exercer outras atividades afins, autorizadas pelo Ministério das Comunicações".

A par disso, a Consulente recebeu a aptidão para desempenhar outras atividades, agora em regime de livre competição com os particulares (*v.g.*, a entrega de objetos que não configurem cartas).

143. *Valores de correspondência*, nos expressos falares do art. 7º, § 1º, "a" a "e", da Lei 6.538/1978, são a carta, o cartão-postal, o impresso, o cecograma e a pequena encomenda.
Já, nos termos do art. 7º, § 2º, da Lei 6.538/1978, "constitui serviço postal relativo a valores: a) remessa de dinheiro através de carta com valor declarado; b) remessa de ordem de pagamento por meio de vale-postal; c) recebimento de tributos, prestações, contribuições e obrigações pagáveis à vista, por via postal".
Por fim, a teor do art. 7º, § 3º, da Lei 6.538/1978, "constitui serviço postal relativo a encomendas a remessa e entrega de objetos, com ou sem valor mercantil, por via postal".
144. De acordo com o art. 8º da Lei 6.538/1978, são *atividades correlatas* ao serviço postal: a) a "venda de selos, peças filatélicas, cupões-resposta internacionais, impressos e papéis para correspondência" (inciso I); b) a "venda de publicações divulgando regulamentos, normas, tarifas, listas de código de endereçamento e outros assuntos referentes ao serviço postal" (inciso II); e c) a "venda de publicações divulgando regulamentos, normas, tarifas, listas de código de endereçamento e outros assuntos referentes ao serviço postal" (inciso III).

II – Nunca é demais encarecer que o serviço postal é público, está aberto a todas as pessoas (físicas ou jurídicas) e visa não só a promover o bem comum, como a tornar efetiva a garantia da inviolabilidade do sigilo da correspondência (art. 5º, XII, da CF). A circunstância de ser prestado por uma empresa estatal (justamente a Consulente) não desnatura o *serviço postal*, que continua, inclusive para fins tributários, a ser público, isto é, submetido ao regime jurídico próprio da espécie, embora levado avante de modo mais ágil e expedido, porque desatrelado das peias burocráticas que tanto entravam o agir estatal.

III – São incontendivelmente públicos – e, por isso mesmo, imunes a impostos – os serviços postais propriamente ditos (entrega de cartas, cartões etc.), de resto, prestados em caráter privativo pela Consulente.[145] *Postais*, igualmente, o denominado *serviço de telegrama*,[146] a emissão de passaporte e sua entrega ao interessado, o serviço de *porte pago* (contratado com usuários habituais) e qualquer tipo de coleta e entrega de correspondência agrupada (malote), com pagamento por peso e distância, em condições regulares (*SERCA*).

Do mesmo modo, é *postal* o serviço de entrega de encomendas (objetos com ou sem valor mercantil) de pequenas dimensões (até 30kg), que a Consulente é legalmente obrigada a prestar.[147] Com efeito, ela, ao contrário das empresas privadas, não pode negar-se a realizá-lo (salvo nas hipóteses contempladas no art. 13 da Lei 6.538/1978 – como, por exemplo, quando contiverem estupefacientes ou substância explosiva), ainda que lhe seja economicamente desvantajoso, pela dificuldade de acesso ao destinatário. Ademais, ao contrário dos particulares, não lhe é dado discutir o preço do serviço, que lhe é determinado pelo Poder Público delegante.

145. A nosso sentir, o serviço postal não se descaracteriza quando prestado por meio de sistema eletrônico (entrega de documentos bancários, de contas de consumo de luz, água e gás, de títulos de crédito em geral etc.).
146. O art. 25 da Lei 6.538/1978 preceitua: "Art. 25. Constitui serviço de telegrama o recebimento, transmissão e entrega de mensagens escritas, conforme definido em regulamento".
147. É claro que os serviços de entrega rápida, prestados por particulares, sob regime de Direito Privado, não tipificam serviços postais – e, por isso, passam ao largo da imunidade tributária.

Também são cobertas pelo manto da imunidade tributária as *atividades afins* (ou *correlatas*) levadas a efeito pela Consulente, ainda que em regime de livre concorrência com as empresas privadas, desde que viabilizem ou, quando pouco, facilitem a prestação do serviço postal. Quando tal se dá, integram-no, devendo receber o mesmo tratamento jurídico-tributário a ele dispensado. Esta, diga-se de passagem, a aplicação, pura e simples, ao caso, da vetusta regra *acessorium sequitur suum principale*. Exemplificando, para melhor esclarecer: as vendas de selos (art. 8º, I, da Lei 6.538/1978) ou de listas de código de endereçamento (art. 8º, II, da Lei 6.538/1978), a guarda de objetos postais (que suscita a cobrança de uma *taxa* quando ultrapassado o período regulamentar de retirada), a exploração de publicidade comercial em objetos de correspondência ou em formulários de telegrama, promovidas pela Consulente, apresentam-se inseparavelmente coligadas (*inhaeret ad ossa*) ao serviço postal (que viabilizam ou, quanto pouco, facilitam a prestação), devendo, destarte, ser a ele equiparadas, inclusive para os fins do art. 150, VI, "a", da Carta Suprema.

Só escapam à imunidade tributária contemplada no art. 150, VI, "a", da CF as atividades econômicas exploradas pela Consulente, em franca competição com os particulares (venda de camisetas, brindes, *botons*, adesivos, apostilas etc.). Em relação a elas aplica-se o disposto no já estudado art. 173 da CF.[148]

IV – Mesmo assim, convém termos presente que, para levar avante suas atividades, a Consulente suporta despesas altíssimas, pois é obrigada a manter, em todo o território nacional, funcionários altamente qualificados, agências, postos de atendimento, veículos, sistemas de computação etc. Tais gastos raramente vêm compensados com as módicas tarifas cobradas dos usuários dos serviços postais. Daí a imperiosa necessidade que tem de alargar suas fontes de receita (*v.g.*, aproveitando comercialmente espaços ociosos nos veículos que transportam a correspondência aos destinatários), em ordem a compensar *déficits*. Isso sinaliza no sentido que as situações de dúvida – apreciáveis caso a caso – devem ser solvidas em favor da imunidade tributária.

---

148. V., supra, *subitem 4-IV*.

RESPOSTAS AOS QUESITOS

Tudo posto e considerado, só nos resta responder, objetivamente, aos quesitos que nos foram formulados.[149] Para maior clareza, vamos reproduzi-los.

1º. Qual a natureza jurídica dos serviços postais e do patrimônio da Empresa Brasileira de Correios e Telégrafos (ECT)?

Resposta: A Empresa Brasileira de Correios e Telégrafos (ECT) é uma empresa pública, criada por meio de lei, com o escopo de prestar, em caráter privativo ("sob regime de monopólio"), os serviços postais a que alude o art. 21, X, da CF. Seu patrimônio e seus serviços típicos são incontendivelmente públicos, submetendo-se, destarte, ao regime jurídico próprio da espécie.

2º. A ECT é detentora da imunidade tributária prevista no art. 150, VI, "a", da CF?

Resposta: *Sim*. Como empresa pública que presta o serviço postal (serviço público), na condição de delegatária da União, a ECT é detentora da imunidade tributária prevista no art. 150, VI, "a", da CF.

Desdobrando a idéia: *I* – As empresas públicas, quando delegatárias de serviços públicos, são tão imunes aos impostos quanto as próprias pessoas políticas que legislativamente as criaram, a elas se aplicando, destarte, o *princípio da imunidade recíproca*.

II – A circunstância de serem revestidas da natureza de *empresas públicas* não lhes retira a condição de *pessoas administrati-*

---

149. Evidentemente, *assuntos correlatos* e a própria *fundamentação* das respostas aos quesitos encontram-se no corpo do parecer.

vas, que agem em nome do Estado, para a consecução do bem comum.

III – Sendo delegatárias de serviços públicos, as empresas públicas, por não concorrerem com as empresas privadas, não se sujeitam aos ditames do art. 173 da CF.

IV – Assim, pelas atribuições delegadas de Poder Público que exercitam, são, *tão-só quanto à forma*, pessoas de Direito Privado; *quanto ao fundo*, são instrumentos do Estado, para a prestação de serviços públicos.

V – Enquanto atuam como se pessoas políticas fossem, as empresas públicas não podem ter embaraçada ou anulada sua ação (que é pública) por meio de impostos.

3º. O fato de a ECT ter seus serviços remunerados por tarifas e preços é fator impeditivo para o reconhecimento da existência da imunidade tributária?

Resposta: *Não*. O fato de a *ECT* ter seus serviços remunerados por *tarifas* e *preços* absolutamente não é fator impeditivo para o reconhecimento da existência da imunidade tributária a que alude o art. 150, VI, "a", da CF.

Desdobrando a idéia: *I* – Quando a empresa estatal presta serviço público, na condição de delegatária, em seu favor incide o disposto no § 2º do art. 150 da CF, sem as ressalvas do § 3º desse mesmo dispositivo; irrelevante, assim, para o desfrute da imunidade em pauta, que cobre, ou não, *preço* ou *tarifa* do usuário.

II – Ademais, a empresa estatal, ainda que o faça, não determina livremente o valor da contraprestação, que é regulado por lei ou por ato do Poder Executivo. Com isso, a contraprestação nunca é a adequada, já que não há equivalência e equilíbrio entre o custo da atuação estatal e o valor, em razão dela, desembolsado pelo usuário.

III – Não há falar, pois, no caso, em desempenho de atividade econômica, quando, somente aí, o *princípio da imunidade recíproca* deixaria de se fazer sentir.

4º. A imunidade tributária alcança também os impostos federais? E como proceder em relação às contribuições como COFINS, PASEP e CSLL?

Respostas: (1) *Sim*. A imunidade tributária da Consulente alcança também os impostos federais, aí compreendido o *imposto sobre a renda da pessoa jurídica (IRPJ)*.

(2) Quanto à *COFINS* e ao *PIS/PASEP*, a Consulente deve recolhê-los; mas, por ser imune a impostos, tais tributações ainda se desenvolvem sob a égide da legislação anterior, vale dizer, da Medida Provisória 2.158-35/2001 (*ex vi* do art. 8º, IV, da Lei 10.637/2002 e do art. 10, IV, da Lei 10.833/2003). Assim, em seu caso específico, o *PIS/PASEP* e a *COFINS* devidos continuam sendo, respectivamente, de 0,65% e 3% sobre as receitas auferidas, não se sujeitando ao *sistema da não-cumulatividade*.

(3) A Consulente é imune à *CSLL*, pois, juridicamente falando, não obtém *lucro*, mas, na melhor das hipóteses, *superávit*. Assim, não realiza o *fato imponível* desta figura exacional.

5º. A ECT pode ser equiparada à Fazenda Pública, para os fins do art. 100 da CF e do art. 730 do CPC?

Resposta: *Sim*. Porque delegatária de serviço público (o serviço postal), a ECT, quando se vê judicialmente compelida a pagar seus débitos, sujeita-se, no que concerne à execução, às regras de Direito Público.

Qualquer processo de execução contra ela intentado só poderá prosperar na forma do art. 730 do CPC, que, de sua feita, apóia-se no art. 100 e §§ da CF. Assim, deve ser citada para, querendo, opor embargos, suprimindo-se o incidente da penhora. Se não forem interpostos no prazo legal, o Judiciário promoverá a expedição do precatório.

Sendo delegatária de serviço público, seus bens integram o domínio público – circunstância que os torna indisponíveis, imprescritíveis e impenhoráveis.

6º. Sendo a ECT equiparada à Fazenda Pública, estaria ela compelida ao pagamento de taxas, em especial as de localização/funcionamento e suas respectivas renovações?

Respostas: (1) *Sim*. Embora equiparada à Fazenda Pública, a ECT sujeita-se à tributação por meio de taxas (tributos diretamente vinculados a uma atuação estatal), quer *de serviço*, quer *de polícia*. O *princípio da imunidade recíproca*, que a favorece, só irradia efeitos sobre os impostos (tributos não-vinculados a uma atuação estatal).

(2) No que concerne à *taxa de localização e funcionamento* (e suas respectivas renovações), desde que criada de modo constitucionalmente adequado, sua cobrança é, em princípio, válida, pois é dado ao Município (ou ao Distrito Federal), no exercício de seu regular poder de polícia, averiguar se o estabelecimento da Consulente está localizado no bairro adequado, se respeita as condições mínimas de segurança, higiene, interesse público etc.

Isto não significa, no entanto, que, dependendo do caso, a taxa em questão não possa ser anulada.

(2.1) O tributo não poderá ser validamente exigido só porque a Consulente pleiteia autorização para funcionar. É imprescindível, para tanto, que a autoridade municipal (ou do Distrito Federal) verifique, *in loco*, a presença dos requisitos para a instalação, localização e funcionamento. Se permanecer inerte, o poder de polícia não estará sendo exercitado, não havendo, pois, o nascimento, em concreto, da taxa. A simples existência do aparato fiscalizador não legitima a cobrança de nenhuma taxa de polícia.

(2.2) Também a Consulente poderá questionar a cobrança de taxa de *renovação* anual de licença para funcionamento caso inexista – hipótese, na prática, muito comum – o efetivo e regular exercício do poder de polícia que a deve ensejar. É que, neste caso, inocorrerá o *fato imponível* do tributo, que não pode nascer do poder de polícia potencial, isto é, não-exercitado de fato.

(2.3) Legislações há que prevêem a cobrança anual da taxa de *renovação* de licença de funcionamento, tomando por base de cálculo do tributo ou o número de empregados ou a área ocupada. Tais paradigmas – inadequados, seja porque não mensuram os custos dos atos fiscalizatórios (atos de polícia), seja porque são próprios de impostos, vulnerando, destarte, o disposto no art. 145, § 2º, da CF – tisnam irremediavelmente a taxa, de modo a ensejar correção judicial.

7º. Os serviços postais quando explorados por agências franqueadas e por permissionários estão abrigados pela imunidade tributária?

Resposta: *Sim.* Os serviços postais, em si mesmos considerados, são imunes ao *ISS,* justamente porque *públicos* (art. 150, VI, "a", da CF). Salvante este tributo, porém, as agências franqueadas e as permissionárias devem suportar os mesmos tributos que alcançam as empresas privadas em geral.

8º. O serviço executado pela ECT como atividade afim, conforme definição na Lei 6.538/1978, denominado "Banco Postal", está amparado pela imunidade tributária prevista no art. 150, VI, "a", da CF? Em caso negativo, qual tributo seria incidente sobre a atividade?

Resposta: *Não.* O *Banco Postal* (*Serviço Financeiro Especial*), tal como regulado pela Lei 6.538/1978, por não tipificar *serviço de correio,* está fora da imunidade tributária prevista no art. 150, VI, "a", da CF.

Trata-se de um serviço de outra natureza, tributável, pelo menos em princípio, por meio de *ISS, ex vi* do disposto no *item* 15 (com seus 18 subitens) da *Lista de Serviços* veiculada pela Lei Complementar 116/2003 ("serviços relacionados ao setor bancário ou financeiro, inclusive aqueles prestados por instituições financeiras autorizadas a funcionar pela União ou por quem de direito").

Todavia, sempre será dado à Consulente argumentar que, na medida em que o *Serviço Financeiro Especial* (ou *Banco Postal*) não está expressamente referido na *Lista,* não pode ser, por analogia, levado à tributação por meio de *ISS.* Deveras, como cada um de seus itens vem desdobrado em subitens, foi criado um verdadeiro *numerus clausus,* que protege o contribuinte, de tal sorte que tudo o que nestes últimos expressamente não se contiver escapa à tributação por meio de *ISS.*

9º. Dos serviços não abrigados pela imunidade, qual a justificativa para tal exclusão e quais impostos seriam incidentes sobre esses serviços?

Resposta: Pelo menos ao primeiro súbito de vista, com exceção do mencionado no quesito anterior, os serviços afetos à Consulente subsumem-se ao conceito de *serviço postal,* sendo, pois, imunes aos impostos.

10º. **A ECT, enquanto desenvolve suas atividades típicas, sujeita-se ao "ICMS-operações mercantis", ao "ICMS-transporte" ou ao "ICMS-comunicação"?**

Resposta: *Não*. A ECT, enquanto desenvolve suas atividades típicas, é intangível e inatingível pelo *ICMS*, em suas várias modalidades (*ICMS-operações mercantis*; *ICMS-transporte*; *ICMS-comunicação*).

(1) *ICMS-operações mercantis* – Ao prestar os serviços postais e afins a ECT não realiza nenhuma operação mercantil. Menos ainda quando vende selos, embalagens para o acondicionamento da correspondência, catálogos contendo os *códigos de endereçamento postal* em vigor e outros papéis necessários à fruição do serviço público em tela. Em todos estes casos presta, sim, serviço público, regido pelo Direito Administrativo; jamais pratica negócios jurídicos regulados pelo Direito Comercial. Ademais, não transmite a titularidade de mercadorias, mas se limita a entregar *objetos postais* (cartas, pacotes, telegramas etc.), sem se inteirar de seu conteúdo (a menos que o próprio usuário do serviço o divulgue, nos casos indicados na lei) e garantindo seja preservado o sigilo da correspondência, como manda a Constituição Federal.

(2) *ICMS-transporte* – O transporte que a ECT realiza, para levar a cabo o serviço postal, é mera *atividade-meio*, imprescindível à sua concretização, devendo, por isso mesmo, receber o mesmo tratamento tributário a ele dispensado. Noutro giro, o *ICMS* não pode incidir sobre esta etapa necessária à prestação do serviço postal, sob pena de virem desvirtuados os propósitos do art. 150, VI, "a", da Carta Magna, quando declara os serviços públicos imunes a impostos. Ademais, não se está, no caso, diante de nenhum serviço de transporte transmunicipal, autonomamente considerado, mas de mero *transporte acessório* (auxiliar), que, possibilitando a prestação do serviço postal, deve receber o mesmo tratamento fiscal a ela reservado – vale dizer, a imunidade.

(3) *ICMS-comunicação* – Os serviços postais prestados pela ECT, por constitucionalmente não tipificarem serviços de comunicação, passam ao largo do *ICMS*, máxime em função do *princípio da tipicidade fechada*, que veda o emprego, na tributação, da analogia e da discricionariedade. A resposta vale também para

a prestação do serviço de telegrama, típico serviço postal, e não de comunicação.

11º. A Lei Complementar 116/2003 instituiu como fato gerador de ISS os "serviços de coleta, remessa ou entrega de correspondências, documentos, objetos, bens ou valores, inclusive pelos Correios e suas agências franqueadas; *courrier* e congêneres". Diante dessa definição constante do item 26 da Lista de Serviços anexa à Lei Complementar 116/2003, existe obrigação da ECT de pagar o referido tributo, ante o princípio da imunidade tributária recíproca?

Resposta: *Não*. Em face do *princípio da imunidade recíproca*, a parte do *subitem 26.01* da *Lista de Serviços*, veiculada pela Lei Complementar 116/2003, que estipula serem tributáveis, por meio de *ISS*, os "serviços de coleta, remessa ou entrega de correspondência, documentos, objetos, bens ou valores, *inclusive pelos Correios e suas agências franqueadas*", é inconstitucional.

Os *serviços postais* são públicos – e, portanto, imunes a impostos. Daí a Consulente e suas agências franqueadas não poderem, nem mesmo com base em lei complementar definidora de serviços, ser compelidas, enquanto prestam "serviços de coleta, remessa ou entrega de correspondência, documentos, objetos, bens ou valores", a recolher *ISS*.

12º. Quais vícios constantes da Lei Complementar 116/2003 poderiam servir de óbice à cobrança do ISS das atividades desempenhadas pela ECT?

Resposta: Prejudicada, já que as atividades típicas da Consulente configuram serviços públicos, e estes refogem à tributação por meio de *ISS*.

13º. Existe alguma ilegalidade na hipótese de retenção de ISS prevista na Lei Complementar 116/2003?

Resposta: Na realidade, existe, *in casu*, situação de manifesta inconstitucionalidade.

Não se aplica contra a Consulente e suas agências franqueadas (tributariamente imunes, enquanto prestam o *serviço postal*) o mecanismo de retenção do *ISS* na fonte, previsto no art. 6º da Lei Complementar 116/2003.

Do contrário, na prática, a imunidade deixaria de existir, pois, recebido, com o desconto na fonte, o preço do serviço postal, a Consulente e suas agências franqueadas ver-se-iam compelidas a entrar com ação de repetição do indébito contra o Município (ou o Distrito Federal).

14º. Qual a medida judicial mais adequada para se combater a exigência fiscal de ISS?

Resposta: Sem embargo de outros remédios jurídicos aptos a combater a indevida exigência de *ISS*, pensamos que a Consulente pode valer-se da *ação direta de inconstitucionalidade*, do *mandado de segurança* (com pedido de *liminar*) e da *ação declaratória* (com pedido de *tutela antecipada*).

15º. Existe algum mecanismo de defesa direta que possa albergar a ECT, de forma uniforme, em todo o território nacional? Quem seria legitimado para usar tal ação?

Resposta: A nosso ver, tirante a ação direta de inconstitucionalidade (visando à declaração, *erga omnes*, da inconstitucionalidade, no subitem 26.01 da *Lista de Serviços* veiculada pela Lei Complementar 116/2003, dos dizeres "inclusive pelos correios e suas agências franqueadas"), inexiste mecanismo de defesa direta que possa impedir, em âmbito nacional, seja a ECT compelida a recolher *ISS* nos Municípios onde o serviço postal é prestado.

Só diante da exigência, *in concreto*, deste tributo é que poderão ser intentadas (na comarca) as medidas defensivas pertinentes.

Este é o nosso parecer, s.m.j.

São Paulo (SP), 9 de agosto de 2004

Referências Bibliográficas[150]

ABBAGNANO, Nicola. *Dicionário de Filosofia*. São Paulo, Martins Fontes, 1999.
ATALIBA, Geraldo. "Empresas estatais e regime administrativo (Serviço público – Inexistência de concessão – Delegação – Proteção ao interesse público)". *RTDP* 4. São Paulo, Malheiros Editores, 1993.
_____. *Empréstimos Públicos e seu Regime jurídico*. São Paulo, Ed. RT, 1973.
_____. *Hipótese de Incidência Tributária*. 6ª ed., 5ª tir. São Paulo, Malheiros Editores, 2004.
_____. *Sistema Constitucional Tributário Brasileiro*. 1ª ed. São Paulo, Ed. RT, 1966.
_____. "Taxa de polícia – Localização e funcionamento". *Estudos e Pareceres de Direito Tributário*. vol. 3. São Paulo, Ed. RT, 1980.
_____. "Taxas e preços no novo texto constitucional". *RDTributário* 47. São Paulo, Ed. RT.
AULETE, Caldas. *Dicionário Contemporâneo da Língua Portuguesa*. 4ª ed., vol. II. Rio de Janeiro, Delta, 1958.
ÁVILA, Humberto. *Sistema Constitucional Tributário*. São Paulo, Saraiva, 2004.

BALEEIRO, Aliomar. *Direito Tributário Brasileiro*. 1ª ed. Rio de Janeiro, Forense, 1970; 7ª ed. Rio de Janeiro, Forense, 1975; 11ª ed. Rio de Janeiro, Forense, 1999.
BANDEIRA DE MELLO, Celso Antônio. *Curso de Direito Administrativo* 17ª ed. São Paulo, Malheiros Editores, 2004.
_____. *Natureza e Regime Jurídico das Autarquias*. São Paulo, Ed. RT, 1968.
_____. *Prestação de Serviços Públicos e Administração Indireta*. São Paulo, Ed. RT, 1973.
BARBI, Celso Agrícola. *Comentários ao Código de Processo Civil*. vol. I, t. I. Rio de Janeiro, Forense, 1977.

150. Incluímos apenas as referências aos autores citados ou aludidos no texto.

BARRETO, Aires Fernandino. *ISS na Constituição e na Lei*. São Paulo, Dialética, 2003.
_____, e BARRETO, Paulo Ayres. *Imunidades Tributárias: Limitações Constitucionais ao Poder de Tributar*. São Paulo, Dialética, 1999.
BARROS CARVALHO, Paulo de. *Imunidades Tributárias*. 1984 (inédito).
BITTENCOURT, Lúcio. *O Controle Jurisdicional da Constitucionalidade das Leis*. 2ª ed. Rio de Janeiro, Forense, 1968.
BLACK, Henry C. *Black's Constitutional Law – Second Edition*.
BORGES, José Souto Maior. *Isenções Tributárias*. 1ª ed. São Paulo, Sugestões Literárias, 1969; 2ª ed. São Paulo, Sugestões Literárias, 1980.
BOTTALLO, Eduardo Domingos. *Fundamentos do IPI*. São Paulo, Ed. RT.
BUENO, Cássio Scarpinella. "Tutela antecipada e ações contra o Poder Público". In: WAMBIER, Teresa Arruda Alvim (coord.). *Aspectos Polêmicos da Antecipação de Tutela*. São Paulo, Ed. RT, 1997.

CAMPOS, Francisco. *Direito Constitucional*. vol. 1º. Rio de Janeiro, Freitas Bastos, 1956.
CARRAZZA, Elizabeth Nazar. *O ISS na Constituição*. Dissertação de Mestrado apresentada na PUC/SP. São Paulo, 1976 (inédita).
CARRAZZA, Roque Antonio. *Curso de Direito Constitucional Tributário*. 19ª ed., 3ª tir. São Paulo, Malheiros Editores, 2004.
_____. *ICMS*. 9ª ed., 2ª tir. São Paulo, Malheiros Editores, 2003.
CARVALHOSA, Modesto. *Comentários à Lei das Sociedades Anônimas*. São Paulo, Saraiva, 1977.
CIRNE LIMA, Ruy. *Pareceres de Direito Público*. Porto Alegre, Sulina, 1963.
_____. *Princípios de Direito Administrativo*. 5ª ed. São Paulo, Ed. RT, 1982.
COÊLHO, Sacha Calmon Navarro. *Comentários à Constituição de 1988: Sistema Tributário*. 2ª ed. Rio de Janeiro, Forense, 1990.
CORAZZA, Edison Aurélio. *ICMS sobre Prestações de Serviços de Comunicação*. Dissertação de Mestrado apresentada no Programa de Pós-Graduação em Direito da PUC/SP. São Paulo, 2003 (inédita).
COSTA, Regina Helena. *Imunidades Tributárias*. São Paulo, Malheiros Editores, 2001.

DI PIETRO, Maria Silvia Zanella. *Direito Administrativo*. 5ª ed. São Paulo, Atlas, 1995.

FALCÃO, Amílcar de Araújo. "Imunidade e isenção tributária – Instituição de assistência social". *RDA* 66.
FERREIRA SOBRINHO, José Wilson. *Imunidade Tributária*. Porto Alegre, Sérgio Antônio Fabris Editor, 1996.
FIGUEIREDO, Cândido de. *Novo Dicionário da Língua Portuguesa*. 5ª ed., vol. I. Lisboa, Livraria Bertrand, 1939.
FREIRE, Laudelino. *Grande e Novíssimo Dicionário da Língua Portuguesa*. 3ª ed., vol. II. Rio de Janeiro, José Olympio, 1949.

GIANNINI, Massimo Severo. *Corso di Diritto Amministrativo*. vol. I. Milano, Dott. A. Giuffrè Editore, 1965.

REFERÊNCIAS BIBLIOGRÁFICAS

HART, H. L. A. *El Concepto de Derecho*. 2ª ed. Trad. de Genaro R. Carrió. México, Editora Nacional, 1980.
HENSEL, Albert. *Diritto Tributario*. Trad. de Dino Jarach. Milano, Dott. A. Giuffrè Editore, 1956.
HOSPERS. *Introdución al Análisis Filosófico*. t. I. Buenos Aires, Abeledo-Perrot, 1966.
HOUAISS. *Dicionário Houaiss da Língua Portuguesa*. 1ª ed. Rio de Janeiro, Objetiva, 2001.

JARDIM, Eduardo Marcial Ferreira. *Manual de Direito Financeiro e Tributário*. 6ª ed. São Paulo, Saraiva, 2003.

MACHADO, Hugo de Brito. *Aspectos Fundamentais do ICMS*. São Paulo, Dialética, 1997.
MARTINS, Ives Gandra da Silva. "Imunidade tributária dos Correios e Telégrafos". *Revista Dialética de Direito Tributário* 74.
MAXIMILIANO, Carlos. *Hermenêutica e Aplicação do Direito*. 9ª ed., 1ª tir. Rio de Janeiro, Forense, 1980.
MEIRELLES, Hely Lopes. *Mandado de Segurança*. 27ª ed. São Paulo, Malheiros Editores, 2004.
MELO, José Eduardo Soares de. *Aspectos Teóricos e Práticos do ISS*. São Paulo, Dialética, 2000.

NEGRÃO, Theotônio. *Código de Processo Civil e Legislação Processual em Vigor*. 33ª ed. São Paulo, Saraiva, 2002.
NERY JR., Nelson. "Procedimentos e tutela antecipatória". In: WAMBIER, Teresa Arruda Alvim (coord.). *Aspectos Polêmicos da Antecipação de Tutela*. São Paulo, Ed. RT, 1997.

OLIVEIRA, Régis Fernandes de. *Taxas de Polícia*. 1ª ed. São Paulo, Ed. RT, 1980.

PACE, Alessandro. *Problematica delle Libertà Costituzionali*. Padova, CEDAM, 1984.
PONTES DE MIRANDA, F. C. *Comentários à Constituição de 1967*. 2ª ed., 2ª tir., vol. II. São Paulo, Ed. RT, 1973.
_____. *Comentários à Constituição de 1967 com a Emenda n. 1 de 1969*. 2ª ed., 2ª tir., t. II. São Paulo, Ed. RT.
_____. *Tratado de Direito Privado*. t. 22. Rio de Janeiro, Borsói, 1958.

RUSSO, Pasquale. *Manuale di Diritto Tributário*. Milano, Dott. A. Giuffrè Editore, 1994.

SALVADOR, Antônio Raphael Silva. *Da Ação Monitória e da Tutela Jurisdicional Antecipada*. 2ª ed. São Paulo, Malheiros Editores, 1997.
SILVA, Edgard Neves da. "Imunidade e isenção". *Curso de Direito Tributário*. 4ª ed. Belém, Editora CEJUP, 1974.
SOUZA, Marnoco e. *Constituição Política da República Portuguesa*. Coimbra, F. França Amado, 1913.

ULHÔA CANTO, Gilberto de. *RDA* 52/35.

VELLOSO, Carlos Mário. "Conceito de direito líquido e certo". *Curso de Mandado de Segurança*. São Paulo, Ed. RT, 1986 (pp. 69-100).

WAMBIER, Teresa Arruda Alvim (coord.). *Aspectos Polêmicos da Antecipação de Tutela*. São Paulo, Ed. RT, 1997.

* * *